中国社会
治理实践理论与创新
——开福模式

张必春等 ◎ 著

中国社会科学出版社

图书在版编目(CIP)数据

中国社会治理实践理论与创新：开福模式 / 张必春等著. —北京：中国社会科学出版社，2019.2

ISBN 978-7-5203-3956-8

Ⅰ.①中… Ⅱ.①张… Ⅲ.①社会管理-研究-长沙 Ⅳ.①D676.413

中国版本图书馆 CIP 数据核字(2019)第 020768 号

出 版 人	赵剑英
责任编辑	梁剑琴
责任校对	夏慧萍
责任印制	郝美娜

出　　版	中国社会科学出版社
社　　址	北京鼓楼西大街甲 158 号
邮　　编	100720
网　　址	http://www.csspw.cn
发 行 部	010-84083685
门 市 部	010-84029450
经　　销	新华书店及其他书店

印刷装订	北京君升印刷有限公司
版　　次	2019 年 2 月第 1 版
印　　次	2019 年 2 月第 1 次印刷

开　　本	710×1000　1/16
印　　张	13.25
插　　页	2
字　　数	224 千字
定　　价	58.00 元

凡购买中国社会科学出版社图书，如有质量问题请与本社营销中心联系调换
电话：010-84083683
版权所有　侵权必究

名誉顾问：张　检　张金华
学术顾问：陈伟东
课题组成员：张必春　胡宗山　袁方成　粟晶晶
　　　　　　陈　艾　许宝君　何　鹏　靳爽爽
　　　　　　唐流鸿　罗家为　刘济杭　鲁　帅

序

位于湖南省长沙市北部的开福区，以千年古寺开福寺得名，有着悠久的历史文化底蕴，是湖南省会城区和长株潭"两型社会"建设的重要节点。经过多年发展，逐渐成为星城北部一座现代化的新城区。随着改革开放的深入，社区日益成为各种利益关系和各种社会矛盾的聚集点。在中央、省、市的领导下，开福区以加强社工人才队伍建设为突破口，在社会治理创新和推动社区建设方面进行大胆探索和革新。具体包括：

第一，大胆创新，率先在全省、全市提出"社区管理社会化"理念。自2009年下半年开始，时任开福区委书记张迎春在充分调查研究的基础下，创造性地提出了旨在健全基层社会管理体制和方式的"社区管理社会化"的新理念，建立"选聘结合、三位一体"的社区居民化、义务化管理模式，引入市场运作机制和项目推进模式。2010年成立区级社会工作局，负责指导、协调和监管全区社会工作事务及社会工作人才队伍建设的管理和服务工作。通过社区管理社会化在全区的实践，拓宽了社区管理思路，深化了居民自治，为社区治理和服务创新打下坚实的基础。

第二，实施"111"工程，探索实验加快社区社会工作人才队伍建设。2013年，在区委书记李蔚的带领下，开福区抓住民政部关于加强全国社区管理和服务创新实验区的契机，提出为全区每个街道、社区和公益慈善类社会组织配备1名以上专业社工，充分发挥专业社工在社区建设、社区养老、新居民融入等领域的作用。同时相继出台了多项加强社区建设和社区工作人员管理办法的政策，全区社会工作人才数量得到了大幅提升。

第三，深化"四化两型"，全面完成社区治理和服务创新实验区建设。2014—2016年，开福区实施以"推进社区社会工作队伍建设、强化社区治理服务人才支持"为主题，探索建立社区社会工作的岗位设置、培养管理、考核评估机制的实验区建设。区委书记廖建华提出用三年时间全面建设社区运转高效化、社区服务多元化、社区资讯智能化、社区治理法治化、邻里关系友好型、社区事务共建型的新型社区。经过实验区建设，开福区社区治理和服务创新水平迈入新阶段，涌现出富雅坪、江湾社区等一批先进典型，形成了独具特色的"开福经验"。

第四，创建"五零社区"，实现"两有"发展的"厚德开福"建设新目标。在社会转型和经济发展新常态时期，开福区在不断总结吸收社区建设的基础上，创造性地提出以基层党建为引领，在全区创建服务零距离、治安零发案、居民零上访、安全零事故、环境零污染的"五零社区"建设目标，进一步加强基层组织建设，提升社区服务水平。开福区始终坚持有质效的发展，有温度的发展，打造强盛、精美、幸福、厚德的现代都市新名片，让居民的幸福感和获得感在家门口提升。

社区建设是构建中国特色社会主义中最基层的一环，复杂性和多变性并存，社区建设工作"任重而道远"。我区将继续弘扬改革创新的精神，在探索社区建设、推进社会工作发展的道路上不懈努力。

长沙市开福区区委书记

沈裕谋

目 录

第一章 总论 …………………………………………………… (1)
 第一节 深层次问题与社工人才队伍建设的紧迫性 ………… (1)
  一 社会工作人才缺与居民自治弱的问题 ……………… (1)
  二 社会工作人才缺与社会协同弱的问题 ……………… (6)
  三 社会工作人才缺与服务产品缺的问题 ……………… (12)
 第二节 组合式发展与社工人才队伍建设的经验 …………… (16)
  一 内生社区社工与外引机构社工相结合 ……………… (17)
  二 社工人才建设与社会组织建设相结合 ……………… (20)
  三 社工人才建设与社会资源开发相结合 ……………… (23)
  四 社工人才建设与社区治理服务相结合 ……………… (25)

第二章 社会工作人才队伍的发展 ……………………………… (29)
 第一节 社会工作人才的边界划分 …………………………… (29)
  一 社区社会工作人才 …………………………………… (30)
  二 机构社会工作人才 …………………………………… (33)
 第二节 社会工作人才发展的表现 …………………………… (36)
  一 社会工作人才队伍的年轻化 ………………………… (36)
  二 社会工作人才队伍的知识化 ………………………… (37)
  三 社会工作人才队伍的专业化 ………………………… (40)
  四 角色转变 ……………………………………………… (45)
 第三节 社会工作人才队伍发展的影响因素 ………………… (48)
  一 社会工作人才发展的引进机制 ……………………… (48)
  二 社会工作人才发展的培训制度 ……………………… (51)
  三 社会工作人才发展的制度保障 ……………………… (55)

第三章 社会工作人才队伍发展与社区治理结构创新 (63)

第一节 组织自身的发展变化 (63)
一 社区社工推动社区社会组织快速发展 (63)
二 机构社工促进社会工作机构的快速发展 (65)
三 社工人才促进了社会服务组织联合会的发展 (75)
四 社工人才促进社区居民委员会快速发展 (84)

第二节 社工人才促进组织间关系不断优化 (91)
一 社工人才促进社会服务组织联合会与社会组织互构 (91)
二 社工人才推动社区居民委员会与社会组织互构 (99)
三 主体互构塑造多元合作社区治理结构 (111)

第四章 社工人才队伍建设与社区服务创新 (115)

第一节 社区社工推进社区公共服务的发展 (116)
一 社区社工推进社区公共服务信息化 (116)
二 社区社工助力社区管理网格化 (123)
三 社区社工推动社区公共服务全覆盖——"五零社区"建设 (130)

第二节 社工人才推动社区公益服务快速发展 (140)
一 政府与社工公益服务管理机制的优化 (140)
二 专业化社工促进社区公益服务对象精细化 (143)
三 专业社工促进社区公益服务资源链接方式多样化 (147)

第三节 社工人才推动社区便民服务与志愿互助服务的发展 (156)
一 社工整合资源促进社区便民服务发展 (157)
二 社工人才助推社区志愿服务 (164)

第五章 社工人才队伍建设中的国家与社会关系变迁 (171)

第一节 国家与社会关系视角下我国社区建设的两大问题 (171)
一 国家社会关系的变迁趋势 (172)
二 国家社会演进中的社区建设实践问题 (175)

第二节　长沙市开福区社工人才队伍建设与政社关系的新
　　　　变化 ……………………………………………………（178）
　　一　社工人才队伍建设促进了社会力量的发展 …………（178）
　　二　社工人才队伍建设推动了全能政府向有限政府
　　　　转变 ……………………………………………………（185）
　　三　社工人才队伍建设加强了政府与社会的互动合作 …（187）
　　四　回顾与展望 ……………………………………………（192）
参考文献 ………………………………………………………（194）
后记 ……………………………………………………………（203）

第一章 总论

湖南省长沙市开福区，通过"组合式发展模式"，来创新社会工作人才队伍建设路径。开福区并非就社会工作人才建设而建设社会工作人才，而是通过社会工作人才队伍建设来促进社区治理社会化要素的有效组合，实现"1+6>7"的整体效应。具体来说，是通过社会工作人才队伍建设，把内生社区社工与外引机构社工、内生社区社会组织与外引社会服务机构、内发社区资源与外拓社会资源有效组合起来，极大提升社区治理水平，增强社区治理的社会效益。

第一节 深层次问题与社工人才队伍建设的紧迫性

问题预示着方向。截至2016年8月，我国从事社区工作和社会服务的人员普遍缺乏社会工作专业知识和专业技能。社会工作专业人才的短缺，使得社区建设、社区治理和服务面临的诸多深层次问题难以解决。

一 社会工作人才缺与居民自治弱的问题

居民自治既是社区建设的目标，也是中国特色基层民主政治建设的重要方向。从理论上讲，社区"两委"成员专业化程度的高低与居民自治程度的高低呈正相关关系。加强社会工作人才队伍建设有利于推进居民自治，但是实际上，居民自治意愿低下，自治能力较弱，存在一种对自治"集体无知"的现象，这与当前社会工作人才缺乏有着很大的关系。

(一) 社会工作人才建设与居民自治的应然关系

社区建设和社区治理面临的首要问题是居民自治的"集体无知"。作为社区建设和社区治理主体的居民,不仅缺乏自治的能力,更重要的是缺少自治的意愿和动力,居民不想自治,也没有动力去自治。如果不能解决居民对自治的"集体无知"问题,居民自治终将是一句空话。问题的关键在于为什么居民没有自治的意愿和动力。我国社会缺乏自治传统,造成居民自治先天不足;社区工作者充当"保姆",造成居民自治后天不良。社区"两委"成员对自治的"集体无知"直接带来居民对自治"集体无知"。社区"两委"成员习惯于把居民当成被管理的对象、被服务的群体,没有意识到居民是管理的主体和服务的参与者。在社区两委成员"保姆"式关照下,居民或多或少能得到某些服务、某些福利,尽管不尽如人意但不需要自己出力,宁愿坐享其成也不愿开展自治。从表面上看,当前居民不愿自治,对自治的"集体无知"是由于居民缺乏自治传统,本身自治热情低下,不愿主动参与,而实际上,是由于缺乏专业的社会工作者去引导和激发居民参与,社区工作者还是传统的"替民做主"的思维,无法有效发动居民参与、开展自治。加强社区居委会的专业化训练,增加居委会的"专业化"成分,有利于引导和激发居民自治。两者的关系可以用图1-1表示。

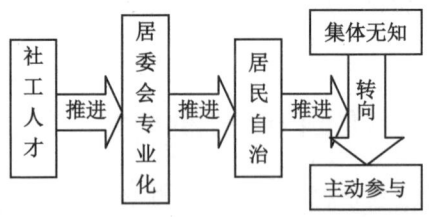

图1-1 社会工作人才与居民自治的关系

由图1-1可知,社会工作人才可以推进居委会的专业化,居委会可以运用专业社会工作方法引导和激发居民参与,推动居民自治。居民自治是社区建设的目标,社区建设中要确立起以群众自治为核心的基层民主化的主导方向。① 从这个意义上来看，加强社会工作人才队伍建设，加强社区居委会的专业化建设具有重要的意义，它涉及社区建设目标是否能够实现，进而关系到社区建设的成败，其重要性不言而喻。由此可见，必须使社区工作人员逐步转变为专业社工，从而推动居民自治。

加强居委会专业化建设基本上有两条路径：一是加强居委会成员的社会工作能力训练，使其了解和掌握专业社会工作的基本理念和基本方法，从而将原有成员内化为"专业社工"。二是直接引进具有社会工作专业知识和专业技能的专业社会工作者到社区工作，提升居委会的专业化水平。但无论是哪条路径，其目的都是让居委会成员成为"专业社工"。专业社工秉承助人自助的原则，以增强居民自助（自治）能力为目的来助人，而不是以牺牲居民自助（自治）能力为代价来助人。专业社工将服务居民与组织居民相结合，在服务居民的过程中，把居民组织起来，改变居民一盘散沙的状况，提高居民组织化程度，引导组织化的居民参与社区管理和服务，培养居民的公共意识和公共精神，让居民在参与社区公益服务和公益事业中获得身份认同和社区归属感，从而改变居民对自治"集体无知"的原始状态，使其转变为"主动参与"，全面推动居民自治。

（二）社会工作人才建设与居民自治的实然关系

倡导居民自治，实际上就是在强调公众参与，这是现代社会治理体制的重要一环，要实现社会善治，充分发挥居民参与社会事务的积极性和能动性。通过上面的理论分析可知，社会工作人才建设与居民自治程度是一种正相关关系，加强社会工作人才建设，有利于推进居民自治。然而，我国社会工作人才严重不足，社区居委会专业化程度不高，难以引导和激发居民参与，推进居民自治。

第一，居民自治意愿和动力不强，存在"集体无意识"现象。

居民参与社区事务的意愿和动力程度，是社区衡量居民自治程度的一项重要指标，也是社区发展的一项重要指标。然而，当前我国普

---

① 费孝通：《居民自治：中国城市社区建设的新目标》，《江海学刊》2002年第3期。

遍存在居民参与意愿不强的问题，对居民自治存在"集体无意识"现象，居民不愿意参与自治。诸多学者对居民的参与意愿进行了调查和统计，并且普遍得出一致结论，即居民参与意愿不强，参与程度低。以参与程度较高的北京、上海和浙江为例，上海社会科学院对居民参与情况做过一次大型调查，结果显示，只有25%的居民表示"乐于参加"或"愿意经常参加"社区内各种活动或事务，① 有学者选取上海市的四个社区分别调查，结果显示仅有26%的社区居民"愿意经常性参与"社区事务和活动，有62%的居民"愿意稍许参与"社区事务和活动，还有12%的居民"不愿意参与"社区事务和活动。② "愿意参与"所占比重基本上和上海社会科学院大型调查的结果持平。据一项北京市的调查显示，城市居民中有参与社区活动意愿的仅占被调查人数的16.5%。③ 北京大学对北京居民参与意愿状况的调查显示，居民愿意关注居委会干部选举的比例仅为21.7%，就社区公共事务愿意向居委会或有关部门提出建议的比例仅为26.7%。④ 王小章教授对浙江一地居民参与状况的抽样调查中显示，"非常愿意"和"比较愿意"的分别占16.8%和28.9%，"不太愿意"和"不愿意"分别占了45.4%和8.8%。⑤ 从这些数据可以看出，居民参与社区活动的意愿普遍较低，这还是参与状况较好的一些省份的情况，中西部参与程度更令人担忧。

笔者在实际调查研究中也发现，当前很多社区主任或书记都认为居民自治意识薄弱是推动社区自治工作的最大难题，他们最期待的也是居民的公共意识和参与意识有所提升。随机访谈一些社区居民也发现，绝大多数居民只是关注自身的工作，进一步说，只是关注与自身

---

① 张亮：《上海社区建设面临困境：居民参与不足》，《社会》2001年第1期。
② 吴巍：《中国城市社区居民自治参与不足的原因及对策》，《福建行政学院福建经济管理干部学院学报》2002年第3期。
③ 陈雅丽：《城市社区发展中的居民参与问题》，《科学经济社会》2002年第3期。
④ 李建斌、李寒：《转型期我国城市社区自治的参与不足：困境与突破》，《江西社会科学》2005年第6期。
⑤ 王小章、冯婷：《城市居民的社区参与意愿——对H市的一项问卷调查分析》，《浙江社会科学》2004年第4期。

利益有关的事务，"事不关己，高高挂起"的心态普遍存在，对于诸如社区选举、社区公共事务治理等与自身利益关系度不大的事务往往漠不关心。同时，居民对"居民自治"认识不足，认为只要政府办好自己的事情就可以了，自治的"集体无意识"现象广泛存在。

第二，社区居委会发动居民参与自治的意识不强，存在"集体无意识"现象。

居民的参与程度不足、自治不足固然与居民本身的参与意愿有关，但与居委会发动居民参与自治的意识不强也有很大的关系。居委会成员对居民参与和居民自治也存在一种"集体无意识"现象。调查显示，居委会成员一方面对居民自治和居民参与的意义和重要性没有足够的认识，把居民自治仅仅当作上级布置的一项工作，而非当作社区建设的目标或者是推进社区建设的重要手段；另一方面，大多数居委会成员潜意识就认为居民根本没有参与的意愿和动力，觉得发动居民参与是天方夜谭，难度太大，因而宁愿自己继续当"保姆"，替居民做事，也不愿意引导居民参与。

社区事务一般可以分为社区行政事务和居民自治事务，前者由居委会承担无可厚非，这是居委会固有的职能，而后者应当由居委会引导居民承担。但是通过调查发现，居委会未能积极发动居民参与，而是自己独立承担，担当"包办""保姆"角色。以楼道垃圾整治为例，清理楼道垃圾是居民的私事，应当居民自己来做，但实际上居委会成员常常是自己亲手打扫，充当突击队和敢死队，替民做事。更窘迫的是，原以为帮助居民清垃圾会得到他们的一致赞许和认可，结果有的居民不但不领情，还十分反感这种行为，认为居委会成员是任意处置自己的私人物品。这使居委会干部苦不堪言，却又不愿积极想办法发动居民参与。下面两段访谈能很好体现这一点。

> 我们居委会现在什么事情都要做，就像居民楼道堆放的垃圾，都不去打扫，还要我们去扫，每次好不容易清理完了，他们接着又放，居民抽油烟机上面的油污居然也让我们去清理，路灯、楼道灯不亮了，自己下水道堵塞了这些事情也都来找我们。

> 这些事情（打扫卫生）我们也不想去找他们（居民），因为叫了也白叫，他们没有那份心，你怎么做都不行，还不如自己抓紧做了算了，为了应付检查，有时候与其跟他们浪费口舌，还不如我们自己去做，这样还快些。

通过上面这两段访谈我们可以看出，居委会成员潜意识就觉得居民天生就缺乏参与意识，"叫了也白叫"的观念根深蒂固，甚至有的还觉得是"浪费口舌"，因而他们大多采取"替民做主"的方式，包揽一切事物，甚至是居民的私人事务，而非积极发动居民主动参与。这一方面表明了社区居委会对居民自治、居民参与认识不足，觉得居民自治是一项可有可无的事情；另一方面也说明了居委会缺乏发动居民参与的手段和方法，往往只是望而却步。

由此可知，当前居民社区参与状况程度低，与居民自身有关，其本身的参与意愿不强，参与动力不足，居民对参与和自治存在一种"集体无意识"现象。但从更深层次上看，这与居委会不能有效激发居民参与意愿有关，社区"两委"成员对居民自治和居民参与也存在一种"集体无意识"现象。居民的参与冷漠不是天生俱来的，而是在一定的体制和制度环境中养成的，居委会成员可以运用专业的社会工作方法，去培养居民的公共精神，激发居民参与热情。但是我国居委会成员专业化程度较低，社会工作人才不足，缺乏专业的技术和方法去引导居民参与，推进居民自治。因此，当前居民参与程度不足的现象也就不难解释了，同时，这也有效地说明了大力加强居委会成员的专业化建设，加强社会工作人才建设的重要性和紧迫性。

二 社会工作人才缺与社会协同弱的问题

社会协同是社会管理体制中不可或缺的部分，由"社会管理"转向"社会治理"实际上也就是要加强社会协同，培育多元化的治理主体。从理论上讲，社会工作人才建设与社会同呈正相关关系，加强社会工作人才建设有利于增进社会协同，形成多元共治格局。但是实际上，当前社会工作人才短缺，社会协同弱化，多元共治格局难以形成。

(一) 社会工作人才建设与社会协同作用应然关系

党的十六届四中全会确定了"党委领导、政府负责、社会协同、公众参与"的社会管理格局,党的十八大又将这一"管理格局"提升到了"管理体制"的高度并增加了"法治保障"。"社会协同"首次在党的纲领性文件中出现,彰显出了其重要性。所谓"社会协同"就是指出于有效治理的需要,政府保护并尊重社会的主体地位以及社会自身的运作机制和规律,将其全面纳入社会治理体系和治理结构,充分发挥社会力量在社会治理中的主体性作用。[①] 这里的社会力量主要包括社会组织、社会工作服务机构(社工机构)、志愿者团体、基层群众自治组织。要实现社会协同,首要前提是培育这些社会力量的不断成长和成熟,提高其自我生存能力和社会参与能力。[②] 要实现这个目标,社会工作和社会工作人才具有不可替代的作用。社会工作人才可充分运用专业社会工作方法和工作技能增强社会力量,并促使其参与社会治理。更进一步说,社会工作人才与社会协同两者之间有密切的联系,加强社会工作人才队伍建设有利于推进社会协同;要实现社会协同,必须加强社会工作人才建设。两者的关系可以用图 1-2 表示。

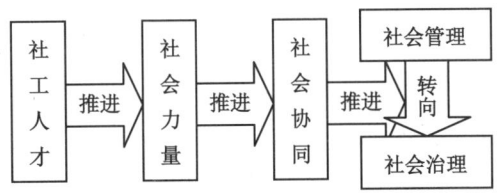

图 1-2 社会工作人才与社会协同的关系

社会工作人才可以促进社会力量的成长,进而推动社会协同。由上文可知,要实现社会协同必须培育和增强社会力量,这样社会协同

[①] 郁建兴、任泽涛:《当代中国社会建设中的协同治理:一个分析框架》,《学术月刊》2012 年第 8 期。

[②] 王思斌:《试论社会工作对社会管理的协同作用》,《东岳论丛》2012 年第 1 期。

才有了主体依靠,而要增强社会力量就必须加强社会工作人才建设,社会工作人才对于培育社会力量具有重要的作用。

第一,就社会组织而言。社会组织是民众基于共同的爱好、兴趣或者共同的使命和目标形成的向社会自主提供某个领域的服务的自主性团体,具有非营利性、公益性、志愿性的特征,是社会力量的核心。社会组织对于社会治理具有重要的作用,是社会治理新兴的、不可或缺的主体。充分发挥组织在社会治理中的积极作用已经是国内外加强社会治理的重要经验,加强社会协同治理,也主要是指加强以社会组织为核心的社会力量的协同,而社会组织的发展离不开专业的社会工作人才。一方面,社会工作人才可以运用专业社会工作方法推动居民参与,让广大居民参与到社会组织为社会大众提供的服务中去,同时他们也可直接向社会提供专业服务。这样一是增加了社会组织的人才基础,二是推动了社会组织向社会提供多样化的服务,从而增强了社会组织的社会认同度。另一方面,社会工作人才可以充分运用自己的专业素养和专业技能,获得政府向社会购买服务的项目,并能够较好地落地实施,从而增加了社会组织的政府信任感。由此可见,社会工作人才可以通过上述两方面增强社会组织的力量,促进社会组织的发展,进而也增加了社会组织协同政府,加强社会治理的可能。因此,从这个方面讲,社会工作人才对于促进社会协同具有重要的作用。

第二,就社会工作服务机构而言。社会工作机构是以社会工作者为主体,坚持"助人自助"宗旨,遵循社会工作专业伦理规范,综合运用社会工作专业知识、方法和技能,开展困难救助、矛盾调处、权益维护、心理疏导、行为矫治、关系调适等服务工作的非企业单位。由其定义就可以知道,社会工作人才对于社会工作服务机构的重要性,社会工作者是社会工作服务机构的核心。社会工作服务机构是向社会提供服务的重要组织载体,社会工作人才是向社会提供服务的直接主体。当前强调由"管理"转向"服务",建立服务型政府,社会工作服务机构协同政府提供服务就显得尤为重要。由此可见,社会工作人才提供专业的服务既是社会工作机构赖以生存的基础,又是促进政府与社会工作机构协同治理社会的核心力量。因此从这个意义上讲，社会工作人才对于促进社会协同具有重要的作用。

第三，就基层群众自治组织而言。基层群众自治组织是指群众自我教育、自我管理、自我服务的基层群众性自治组织，包括城市居民委员会和农村村民委员会。基层群众自治组织是加强和维护基层治理的核心力量。由于人力、物力、财力的限制，政府对社会各项事务尤其是基层事务无法事事亲为、面面俱到，必须要加强城乡基层自治组织建设，协同政府做好基层治理。但是，当前我国城乡社区居民委员会能力较弱，加强其专业化、职业化建设成为必然的选择。所谓"专业化"建设也就是指要提高居民委员会成员的社会工作专业技能，增加居民委员会成员中专业社会工作者人才的比例，不断促进居民委员会成员成为专业社会工作者。由此可见，社会工作人才对于居民委员会发展的重要作用，它可以提升居民委员会的专业水平，为基层提供专业服务，提高基层治理能力，进而增强基层群众自治组织协同政府治理基层社会的能力。因此，从这个意义上讲，社会工作人才对于促进社会协同具有重要的作用。

通过上述分析可知，[①] 社会工作人才建设与社会协同之间有着密切的联系，两者是呈正相关关系，即加强社会工作人才建设可以增进社会协同，反之亦然。当前强调从"社会管理"转向"社会治理"，从"一元治理"转向"多元治理"，实际上也是要发挥社会协同作用，调动社会力量参与社会治理。因而社会协同在当前社会管理体制中具有重要的地位，是社会管理的依托。所以，从这个意义上讲，社会工作人才建设不仅增进了社会协同，而且还促进了社会治理体制的现代转换。

（二）社工人才缺与社会协同弱的实然关系

当前倡导多元合作协同治理，实际上就是要增加社会协同，把社

---

① 志愿者团体和社会组织中的志愿类社会组织具有相同的属性，社会工作人才通过志愿团体促进社会协同的原理与社会工作人才通过社会组织促进社会协同的原理大致相同，这里不再赘述。

会组织等社会力量纳入社会治理结构，增强社会力量的协同作用。通过上面的理论分析可知，社工人才与社会协同不是孤立存在的两种事物，而是一种相互影响、相互制约的关系。社工人才通过促进社会力量的成长增进社会协同。然而，当前我国专业社会工作人才严重不足，从而导致社会协同弱化，多元协同治理格局未能形成。

第一，社会组织社工人才缺乏，导致其成长缓慢，弱化社会协同。目前，社会组织的专业社会工作人才缺乏，导致社会组织发展缓慢，力量不强。一些专业性较强的社会组织内只有一两名专业社会工作者，草根类社会组织的专业社会工作更是缺乏，尤为罕见。同时社会组织从业人员很多都没有经过专业训练，素质不高，学历层次较低，知识较为陈旧，严重制约社会组织的发展。这样，一是导致社会组织自我管理能力不强。社会组织需要专业人才的管理，需要有专业社会工作者引导成员制订管理章程，完善管理结构，提升管理能力。但是由于社会工作人才短缺，无法很好地完善社会组织内部法人治理结构，因而导致社会组织自我管理能力不强。二是导致社会组织服务意识不强。社会工作者以"助人"为首要宗旨，要求具有较强的服务意识，而社会组织缺乏社工人才，传统的社会工作人员素质不高，因而导致社会组织整体服务意识不强。三是导致社会组织专业性不足。社会组织需要向社会提供专业服务，而专业社工人才的缺乏，严重制约了社会组织的专业化水平。由此可见，社会工作者人才短缺，导致社会组织发展动力不足，成长缓慢。而社会组织是增强社会协同的核心力量，加强社会协同，首要的就是要把社会组织纳入治理主体，发挥其主动性和创造性。所以，从这个意义上讲，社会工作者人才缺乏弱化了社会协同。

第二，社区专业社工人才短缺，导致其专业化程度低，弱化社会协同。目前，社区居委会成员年龄偏大，文化知识水平不高，具有专业社会工作知识背景的人少，尤其是专业社会工作者较为缺乏，导致社区居委会专业化水平较低。据调查，大部分社区都没有专业社工，"老群干"居多，即使有些零星的社区有，也只有一个或两个，专业社会工作者所占比例小，严重制约了社区居委会的发展。一是导致社区居委会无法提供专业化服务。面对当前社区居民日益增多的社会需求，由于社区居委会专业社会工作人才短缺，社区居委会很难运用需求调查等专业社会工作方法和技术，了解和掌握居民需求，提供给居民对口的、多样化、个性化的服务，因此难以满足居民的现实需求，需求与供给之间的矛盾也难以缓解。二是导致居委会无法妥善处置居民纠纷。当前社会矛盾日益集中在社区，社区居民纠纷日益增多，如何化解居民矛盾、减少居民纠纷成为基层社会治理的重要议题。社会工作者能够运用柔性的、专业的社会工作方法，增强居民间的理解和沟通，在居民纠纷调解中具有独特的作用。然而当前城乡社区居委会专业社工短缺，缺少有效的手段化解基层矛盾。三是导致居委会无法有效发动居民参与。当前居民参与热情较低，参与动力不足成为一个不争的事实，传统动员式的发动居民参与的方法，不仅无法激发居民的参与热情，甚至还会使居民反感。因此必须运用专业的社会工作方法使居民由"被动参与"上升到"主动参与"，从而提升居民的参与程度。然而，当前社区居委会专业社会工作者、专业社会工作技术缺乏，导致居委会发动居民参与效率较低，收效甚微。由此可见，社会工作者人才缺乏，导致了社区居民委员会专业化程度低，无法运用专业的社会工作技术发动居民参与、处理居民纠纷、提供专业服务。而城乡社区是增强社会协同的重要力量，所以，从这个意义上看，社会工作者人才缺乏弱化了社会协同。

第三，社会工作服务机构社工人才短缺，导致其辐射范围不广，弱化社会协同。虽然社会工作服务机构是目前吸纳专业社会工作人才最多的组织，但是从众多的社会需求来看，社会工作人才仍旧不足，导致其服务辐射的范围不广。当前一些社会工作机构虽然大部分甚至全部都是专业社工，但是数量偏少，尤其是全职社会工作者数量更少，大部分都是兼职的。这是因为，一是社会工作的职业待遇相对较低，大多数人员不愿意从事社会工作，专业社会工作人才流失也较为严重；二是社会工作是一个新兴起的专业，成立时间不久，开设此专业的高校较少，招生规模也不大，人才培养仍不能满足当下社会工作机构的需求；三是社会工作机构对人才培养与队伍建设的投入力度不足和操作模式不清晰，使得社会工作机构专业人才难以"自产"。社会工作服务机构人才短缺致使其连接社会资源能力不强，不能有效承接政府公共服务或者其承接的服务规模和范围有限，进而无法很好地协同政府，更好地服务社会、服务民众。所以，从这个意义上讲，社会工作者人才短缺弱化了社会协同。

通过上文论述可知，社会工作人才短缺，导致社会组织、社区居委会、社工机构、志愿者组织等社会力量发展缓慢，难以协同政府做好社会治理，因而弱化了社会协同，多元主体协同参与治理的格局难以形成。

三 社会工作人才缺与服务产品缺的问题

随着居民需求日益多样化和复杂化，单一的主体的供给模式已经不能满足居民的需求，需要构建起以政府为主体的公共服务，以企业为主体的商业服务和以社会组织为主体的公益服务的多元服务供给体系。社会组织在公共服务中具有独特的功能性优势，尤其是在提供社区社会服务中具有无可比拟的优势。而以社会组织为主体的公益服务，离不开专业社会工作者的引导、组织和动员，社会工作人才建设与社区服务体系建设之间有着密切的联系。然而当前我国社会工作人才短缺，导致社会服务产品缺乏，难以满足居民的需求。

（一）社会工作人才建设与社区服务体系建设的应然关系

社区服务就是指一个社区为满足其成员物质生活与精神生活需要而进行的社会性福利服务活动。构建完善的社区服务体系有利于满足居民群众日益多元化的需求，也是社区建设的意义之所在。社区需求具有动态性、多样性和复杂性，单一主体是无法满足社区需求的，必须构建多元服务体系，以多元主体应对多样需求。政府是社区建设的发动者和推动者，理所应当担负起为社区提供公共服务的责任。企业是市场的主体，居民对市场服务也有诸多需求，因而企业应当为社区提供多元的市场服务。然而，随着居民需求不断增多，单靠政府和企业已经无法满足居民需求，一些诸如邻里相互帮助事务、为老幼病残服务、为困难群体服务、便民利民服务只能由社会组织来承担。社会组织在社区服务中具有重要的作用，具有非营利、非政府和志愿特征的社会组织参与社会服务，正在成为我国社会改革和社会建设的一个重要突破口。

以社会组织为主体的公益服务，离不开专业社会工作者的引导、组织和动员。社会组织是吸纳专业社会工作者较多的组织，专业社会工作者在社会组织中发挥了重要的作用。社会组织为居民提供服务，实际上就是社会工作者以社会为载体为居民提供服务。因而，社会工作人才建设与社区服务体系建设两者相辅相成，加强社会工作人才建设有利于完善社区服务体系。两者的关系可以用图 1-3 表示。

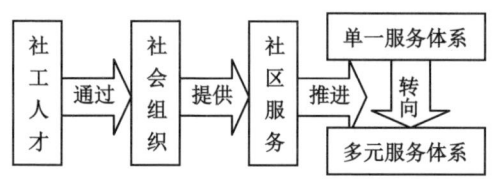

图 1-3　社会工作人才建设与社区服务体系建设的关系

由图 1-3 可知，社会工作人才以社会组织为载体向居民提供服务，从而完善社区服务体系。根据居民的需求结构可知，当前构建以政府、企业、社会组织为核心的多元社区服务体系，以政府为责任主体的公共服务、以社会组织为主体的公益服务和以市场组织为主体的商业服务相互补充。但是目前还是以政府服务为主，单一的政府服务存在两个问题：一是兜底式的保障服务难以满足社区居民多样化、多层次的服务需求；二是平均式的服务难以满足社区居民个性化的服务需求。

根据马斯洛的需求层次理论，人们有五大需求，即生理、安全、情感、尊重、自我实现。政府兜底式的服务，是一种最基本的社会保障性服务，基本上只能满足居民生理和安全的低层次需求，而较高层次的情感、尊重和自我实现的需求难以满足。同时，政府提供的服务也只能是一种大众的、平均的服务，不能满足居民个性化的服务需求，提供差别产品。从另一个角度上看，居民的需求结构具体表现为公共产品、私人产品、半公共产品的多重组合，三种不同的需求需要不同的供给机制。① 公共产品具有非排他性和非竞争性，只能由政府提供；私人产品具有排他性和竞争性，只能由市场提供；半公共产品是介于两者之间的，只能由社会组织提供。社会组织在公共服务中具有独特的优势。在一些绩效难以测量的"软服务"领域，如社区社会服务、面向老人、儿童的服务等，社会组织比企业等其他组织更具有优势。

由此可见，社会组织被纳入社区服务体系是现实的需要，社会组织在提供社区服务中具有独特的优势。而社会组织提供服务离不开专业社会工作者的策划、引导和支持。归根到底，服务终究是人提供的，与其说社会组织为居民提供服务，不如说是社会工作者为居民提供服务。由此可见，社会工作人才建设与社区服务体系建设两者具有密切的联系，加强社会工作人才队伍建设是完善社区服务体系的重要保障。

(二) 社会工作人才缺与社区服务产品缺的实然关系

社区居民需求越来越多，要求也越来越高。协调社会各方利益，发展公益慈善事业，关注弱势边缘群体，缓解社会就业压力，排除人们心理障碍等，这些都是社区刚性功能性服务需求，然而，当前我国社会工作人才缺乏，社区服务产品缺乏，难以满足居民多样化需求。

当前社会老龄化越来越严重，每个社区的老年人都不在少数，为老服务是当前社区迫切需要的。老年人除了基本的物质需求外，还有精神需求，如孤寡老人的陪聊，空巢老人的日间照料，残疾老人的心理疏导，老年文化娱乐活动，老年人心理关怀，等等，这些都是政府和市场无法很好地提供的服务，都需要专业社会工作者予以提供。然而，由于社会工作人才缺乏，很多为老服务被迫中止，效果并不理想。

随着利益的多元化，社区居民的矛盾也日益增多，各种社会矛盾也日益集中在社区。如邻里之间因琐事而争执，夫妻之间因琐事而吵

---

① 陈伟东:《社区自治：自组织网络与制度设置》，中国社会科学出版社2004年版，第56—57页。

闹，娱乐社团为争唱歌跳舞的场地而发生纠纷，等等，这些矛盾纠纷不触犯法律，无法用行政的方式加以解决，只能依靠专业社工通过心理疏导和双方慢慢沟通，双方相互理解才能加以调解。然而，由于社会工作人才缺乏，一些矛盾纠纷没有及时得到解决，有的矛盾还被激化。居委会用传统的、行政的工作方法去处理，效果很不理想。

学校教育固然重要，但是社区教育也不可或缺。调查发现，很多社区都有四点半学校。孩子四点半放学，很多父母都还在上班，无法照料孩子。社区这时候接纳孩子，使其在社区能够继续得到教育。这个想法的初衷很好，但是由于专业社会工作者短缺，很多四点半学校形同虚设，学生放学后并没有得到实质性的教育，四点半学校也只是保护学生安全的临时接纳场所，却并没有实现孩子再教育、再学习的初衷。

随着居民物质生活的不断充裕，居民对精神文化生活需求也越来越大。这不仅是老年人的需求，也是很多年轻人的需要，政府提供的公共文化服务极为有限，需要社会工作者根据居民需求，组织多元化、个性化的文化娱乐活动。然而，由于社会工作人才短缺，当前的精神文化活动还远远不能满足居民的需求。

除此之外，社区矫正、安置帮教、专职调解、法律咨询等方面也需要一批司法社工，传统的工作方法在这些领域越来越受到限制，需要专业社工运用专业社会工作方法加以解决。残疾人康复、青少年教育、幼儿早教、紧急救助、心理辅导、城市融入等方面也需要社会工作者。但是，由于社会工作者缺乏，很多服务社区无法提供，即使勉强能够供给，质量和效益也都不高。由此可见，社会工作人才短缺导致了社区服务产品匮乏，社区服务体系难以完善。这也就能够很好地透视出加强社会工作人才建设的重要性和紧迫性了。

从总体上看，2010年中共中央发布的《国家中长期人才发展规划纲要（2010—2020年）》中指出："社会工作人才发展目标是：适应构建社会主义和谐社会的需要，以人才培养和岗位开发为基础，以中高级社会工作人才为重点，培养造就一支职业化、专业化的社会工作人才队伍。到2015年，社会工作人才总量达到200万人，到2020

年，社会工作人才总量达到 300 万人。"但是据统计，2015 年我国社会各领域社会工作人才需要大约 211.5 万人，[①] 两者之间存在一定差距，出现人才缺口。更糟糕的是，根据民政部发布的《2015 年社会服务发展统计公报》统计，全国持证社会工作者共计 20.6 万人，比上年增长 28.8%，其中社会工作师 5.2 万人，助理工作师 15.4 万人，[②] 这与 211.5 万人的需求相比有较大差距，社会工作人才严重短缺。社会工作人才短缺导致居民自治难以开展、社区服务产品匮乏以及社会协同弱化，不利于整个社区和社会建设，因此，加强社会工作人才建设成为当前社会建设的重要任务。

第二节　组合式发展与社工人才队伍建设的经验

正是基于社会工作人才对于开展居民自治、实现社会协同以及提供社会服务产品具有重要的作用以及当前社会工作人才短缺对社区建设和社会建设带来的不利影响，长沙市开福区大力加强社会工作人才队伍建设，把社会工作专业人才队伍建设作为"社会管理社区化、社区管理社会化"社会治理创新综合试点工作的重点。三年来，长沙市开福区从完善组织保障、加大资金投入、引进专业人才、强化培养力度、实行项目运作等几个方面，努力推进社会工作人才队伍建设，形成了一套独具特色的组合式社会工作人才发展机制。

---

① 柳拯：《中国社会工作发展报告》，民政部人事司（社会工作司），2012 年 1 月。这一数据来源于对我国社会各领域人才需求的统计，到 2015 年内地对社会工作人才的需求总量为 211.5 万人，其中民政领域约需 32 万人，城乡社区约需 72 万人，教育领域约需 23.3 万人，司法领域约需 4.6 万人，卫生领域约需 3.2 万人，劳动就业领域约需 11.4 万人，工青妇和残联系统约需 37.6 万人，公益性社会组织约需 10 万人，全国乡镇、街道社会事务办公室约需 16.6 万人，信访、扶贫等其他领域约需 1 万人。按照这一规模稳步发展，到 2020 年我国内地社会工作人才的需求总量为 300 万人。

② 中华人民共和国民政部：《2015 年社会服务发展统计公报》，http://www.mca.gov.cn/article/zwgk/mzyw/201506/20150600832371.shtml。

一 内生社区社工与外引机构社工相结合

按照社会工作者的属性和其服务对象与服务技能的不同,我们将社会工作者分为社区社工和机构社工两类。"社区社工"是指长期在社区服务群众,从事社会工作的人员。从广义上讲,就是指社区工作者,包括社区党组织、社区居委会和社区服务站专职从事社区管理和服务的人员。"机构社工"是指在专业的社会工作机构从事社会工作的人员,这部分人员具有专业的社会工作知识背景和较强的社会工作能力。开福区对于培育社会工作者采取的是"内生外引"的策略,"内生社区社工"是指通过多种形式对全区社区工作人员进行专业培训,使其不断接受社会工作理念,掌握社会工作方法,逐渐向专业社工靠拢。"外引机构社工"是指向专业社会工作机构或者专业社会组织引进专业社工,使其扎根社区,为居民提供专业服务。

(一)内生社区社会工作者

社会工作人才队伍建设,关键是要培育本土社会工作力量。从培育和提升自身工作能力出发,才能长效地促进社会工作队伍发展以及社区事业的发展。社工人才队伍的建设也必须从加大对现有社工实务工作者的培训力度入手,使之走上专业化、职业化的道路。开福区充分认识到培育本土社会工作者的必要性和重要性,通过多种措施加强本土社会工作者的专业化训练。

一是加强社会工作的专业化训练。开福区民政局依托华中师范大学、湖南农业大学、长沙民政学院等高等院校,定期或不定期地对社区工作者进行加强社会工作理论与实务方面的培训教育。通过专题讲座、专题讨论、案例分析相结合的方式,经常举办常态业务、专项工作等培训,如"社区党建与社区治理""社会治理创新""社会工作概论""社会工作方法"等专项培训。同时多次举办社会工作专题讨论会,如"在社会救助领域如何发挥社工作用""如何不断提高社工人员的职业操守""谈谈我的成功案例"等。开福区社区建设领导小组办公室根据社区工作需求,针对社区书记、主任进行专项的能力提升训练。通过制订培训计划,组织社区书记、主任赴沿海地区党校及清华大学、北京大学、浙江大学等院校进行专项教育培训，赴全国社区建设示范地区进行现场观摩学习，总结不同的社区发展经验。各街道根据实际情况分级组织包括党建知识、政治理论、专业知识、个案实务、岗位技能及更新知识等内容的培训，确保社区工作人员每人每年集中培训时间累计不少于5天。通过培训，社区工作者的专业化水平得到全面提升，初步掌握了一些专业社会工作方法和技能。

二是加强社区工作者考前考后培训。从2008年开始，开福区便以规范化的形式组织社区工作人员参加全国社会工作师考试，区社工局每年聘请高校社会工作专业的老师、教授，为报名的学员进行免费培训，强化理论知识学习。截至2015年，共有1400多人次参加了培训。对在全国社会工作职业资格水平考试中取得助理社会工作师或社会工作师职称的社区（村）社会工作人员，分别给予1000元或1200元的奖励，对获得助理社会工作师、社会工作师、高级社会工作师职称的社区工作人员，每月分别给予200元、300元、500元职称津贴。截至2015年，累计培训人数达1400多人次，其中330名已经通过了全国社会工作师考试，93名获得社会工作师职称，237名获得助理社会工作师职称，社工数量在全省各区县遥遥领先。同时，区民政局在组织考前培训之余，以能力建设为重点，加强对持证社工的价值理念、专业理论、实务技能训练，强化其专业理论知识的学习，并组织持证社会工作者每年参加不少于3天的实务培训。

三是鼓励社区工作人员参加业余学历教育培训。开福区坚持分类别、分层次、有重点地提升社区基层工作人员的学历，加强对社区基层工作人员的专业教育培训。开福区规定：凡年龄在40周岁以下、文化程度在本科以下的社区工作人员，参加学历教育，经本人申请，街道批准同意，对取得本科及以上学历证书者，由街道根据实际情况，给予一定比例的经费报销。

（二）外引机构社会工作者

机构社会工作者工作具有专业性强、连接资源丰富等特点，能够快速推进社区发展。开福区充分认识到专业机构社会工作者的优势和重要性，大力加强与专业社会工作机构的合作，不断引进机构社会工作者。

一是大力开发专业社会工作岗位。开福区在党政部门，社会事务类单位，街镇、城乡社区等基层服务单位和社会组织中设置社会工作岗位，配备使用社会工作专业人才。其中率先在民政事业单位中设置社会工作岗位，随后逐步向各街镇、各社区等基层服务单位和机构组织延伸。目前在17个街镇各设置了1名专业社工，在101个社区各设置了1名专职社工，在所有公益慈善类组织中设置了1名以上的专长社工。

二是公开招聘专业社会工作者。制定专业人才引进办法，面向社会公开招聘专业社会工作者。如2010年，开福区面向社会公开招聘了11名具有高校社会工作专业背景的社会工作者，分别从事居家养老、青少年教育、残疾人帮扶、社区矫正、新居民服务等社会工作。这些社会工作者大多数都有在专业社会工作机构开展社会服务的经历。

三是直接引进专业社会工作机构。开福区引进了深圳的"众仁社会工作服务中心"、国外的"爱希会（ICC）残疾儿童服务中心""社区助理服务中心（一点通）"等专业社会工作机构，如2011年引进了"众仁社会工作服务中心"，现有专业社会工作者13名，开福区每年向其购买专业服务资金达100万元，开展家庭服务、残疾人服务、青少年服务、养老服务等，服务总人数达16370余人。

通过"内生外引"，开福区社会工作者整体素质得到了很大的提高。首先，年龄结构趋向合理化，队伍逐渐年轻化。出生于20世纪60年代及以前社会工作者的比例由43.2%降低到27%，出生于20世纪70年代、80年代、90年代及之后的社会作者比例不断增加，分别由30.4%提高到36%、由23.1%提高到28%、由3.3%提高到9%。其次，专业技能不断提升，队伍逐渐专业化。专业的知识培训普遍展开，持证社工的人数逐渐增多。截至2014年年底，开福区共有272名专业社工，其中持初级资格证的有184人，占68%；持中级资格证的有88人，占32%。最后，知识素养不断提升，队伍逐渐知识化。通过专项人才引进和内部培育，开福区社区工作人员的文化程度不断提高。2014—2015年，本科生及以上学历的人员比例从20.6%提高到25%，大专生的比例从44.8%提高到55%；高中及初中以下文化程度的人数比例分别从21.9%下降到18.6%，从12.7%下降到0.4%。这使社会工作者改变了传统的工作理念和服务方式，增强了社会工作者服务意识和服务能力。

二 社工人才建设与社会组织建设相结合

社会工作者的生存根基在社会组织。发展社区社会组织，提高居民组织化程度，动员居民开展自治，是社区"两委"成员的主要责任和任务，也是社区"两委"组织存在与发展的根基。培育社区社会组织是一项专业工作，需要社区"两委"成员具备社会工作的专业能力。同时，机构社工的生存根基在社会服务机构，离开社会服务机构，机构社工也就失去生存之地，因此，需要把发展两类社会工作人才与发展两类社会组织结合起来。

（一）社会工作人才建设与社区社会组织的发展

社区社会组织是指由社区组织或个人在社区范围内单独或联合举办的、在社区范围内开展活动的、满足社区居民不同需求的民间自发组织。社区社会组织在培育居民民主价值理念、改善社区生态环境、满足居民多元需求和和谐社区文化氛围等方面具有重要的作用。开福区社区工作者充分认识到社区社会组织的积极作用，不断学习社区社会组织孵化和培育技术，大力发展社区社会组织，并积极引导社区社会组织参与社区治理。

一是加强社区工作者社团孵化专业训练。邀请国内知名专家教授，对社区工作者进行专业培训。理论知识和实操技能培训相结合，在实操中尤其注重培养社区居委会培育和孵化社区社会组织的能力。以居民实际需求为出发点，制定了治理类、志愿类、互助类等不同类型社团的孵化流程。目前，社区居委会成员初步掌握了社区社会组织孵化技术，成效显著。截至2015年，开福区社区社会组织共计631个，其中"治理类社会组织"333个，"互助类社会组织"56个，"志愿类社会组织"104个，"兴趣类社会组织"138个，社区社会组织呈逐年增长之势。

二是社区不断优化社区社会组织成长环境。社区不断优化社会组织的成长环境。首先，认真落实和宣传市、区发展社区社会组织的有关政策，确保社区社会组织能够享受各项优惠政策。其次，为社区社会组织提供场地支持。社区将活动场所免费提供给社区社会组织，一方面给某些专业性比较强的社区社会组织提供固定的办公场所；另一方面，为社区社会组织提供活动场所。再次，为社区社会组织提供资金。社区一方面将部分社区工作经费直接用于培育社区社会组织；另一方面向街道为社区社会组织发展争取资金。尽管社区为社区社会组织提供或争取到的资金不多，但是也在很大程度上解决了社区社会组织的资金问题。最后，协助社区社会组织做好内部管理。帮助社区社会组织完善内部治理结构，发现和培育社区社会组织领袖，协助领袖做好社团管理，协助社区社会组织开展社区活动。

三是社区工作者引导社区社会组织参与社区治理。社区社会组织成立后，社区社工积极引导社区社会组织走向公益，参与社区治理和社区建设。引导文化类社区社会组织积极开展各种各样的文化体育活动，丰富了居民的精神文化生活，活跃了社区氛围，增强了社区归属感。同时，社区积极倡导和协助社区社会组织参与区、街组织的公益创投大赛，协助其获得政府购买社会服务资金，从而以项目化的形式扎根社区，开展服务。目前，开福区社区社会组织在为老服务、残疾人康复、环境保护、青少年教育等方面发挥了重要的作用。

(二) 社会工作人才建设与社会工作机构的发展

社会工作机构是以社会工作者为主体，坚持"助人自助"宗旨，遵循社会工作专业伦理规范，综合运用社会工作专业知识、方法和技能开展服务的专业性组织。社会工作机构是专业社会工作者施展才华的组织载体，专业社会工作者是社会工作机构的主体和核心。开福区充分认识到社会工作机构对于加强社会工作人才建设的重要性，将社会工作人才建设与社会机构发展紧密结合起来。

一是优化社会工作机构的发展环境。开福区放宽和简化社会工作机构登记条件。免收社会工作机构成立、变更登记公告费，对因归并、重组申请注销的社会组织,免收其注销登记费。民办非企业单位性质的社会工作机构,其注册资金由规定的最低5万元降低为0.5万元;属社会团体性质的,注册资金由规定的最低3万元降低为0.3万元,社会团体由规定的有50人以上的个人会员或30个以上的单位会员降低为有30人以上的个人会员或10个以上的单位会员。

二是建立政府购买社工机构服务机制。开福区每年安排专项资金用于扶持社工机构发展、购买社工机构服务,按照定向委托或招标等形式向社会工作机构购买服务。如每年100万元购买"众仁社工服务中心"服务,给予其场地租金全免优惠;80万元购买开福区"社区助理服务中心(一点通)"服务,为全区90岁以上老人、70岁以上的低保老人及二级以上残疾人提供救助服务。

三是引进和培育社会工作机构相结合。开福区通过制定一系列的优惠条件和优惠政策,大力引进国内外专业社会工作机构,如"众仁社工服务中心";同时,积极探索本土化社工机构发展道路,成立了"德馨社会工作服务中心""鑫晨婚姻家庭服务中心"等30多家公益慈善类社会组织。目前从事一线服务的社工有50多名,每年用20万元购买开福区德馨社会工作服务中心专业服务,对矫正对象进行心理辅导、教育培训。

四是拓展社会工作机构的服务范围。开福区大力发展社会工作专业机构,不断拓展社会工作机构的服务范围,提升其服务能力,让其充分参与到基层社会治理与服务中。目前,社会工作机构服务涉及居家助理服务、养老服务、商品代购及相关的中介服务、困难救助、矛盾调处、权益维护、心理疏导、行为矫治、关系调适、康复服务、就业服务等多个方面。

开福区通过一系列措施,加强了社会工作机构建设。2015年社会工作机构共有25家。实验区申报前(2011—2012年)有社会工作机构15家,实验区申报后(2013—2015年)社会工作机构发展到25家;同时,社会工作机构的服务能力得到了提升,服务范围得以拓展。这既增加了专业社会工作者的数量,又为专业社会工作者技能发挥提供了良好的组织载体和工作平台。因而,发展社会工作服务机构是加强社会工作人才队伍建设的重要路径。

三 社工人才建设与社会资源开发相结合

资源开发能力高低是衡量社会工作者专业能力高低的重要标志，社会工作者和社会组织生存空间的大小取决于社会资源连接状况。社会工作人才建设要与社会资源开发相结合，社会资源开发的多与少、优与劣也是衡量社会工作人才建设是否成功的重要标志。开福区十分重视社会工作者的资源开发和整合能力，在不断开发和整合社会资源的实践中，提升社会工作者的能力。

一是开发政府资源。社会工作者通过政府购买服务的方式，积极争取政府资源。开福区每年都有固定资金用于公益创投，社会工作者通过优化项目设计，增强项目的可操作性等方式，积极争取政府资源。除了每年政府给定的资金外，社区社会工作者每年还积极争取政府奖励资金。

二是开发企业资源。企业拥有雄厚的资本，如何开发和争取企业单位的资源，是加强社会工作者能力建设的重要议题。开福区社区社会工作者每年向辖区企业争取资金、场地、物质等资源，专业社会工作机构还向世界著名企业争取资金，如"众仁社会工作服务中心"向李嘉诚慈善基金争取到10万元资金用于开展青少年教育。

三是开发辖区单位资源。开发辖区单位资源，促使辖区单位共驻共建，成为社区建设的难题。开福区社会工作者通过多种方式，积极引导辖区单位参与社区建设，如科大景园社区与辖区内国防科技大学、长沙市农业银行建立了长期良好的合作关系。2015年向国防科技大学争取共建资金10万元，同时，国防科技大学每月定期到该社区组织文艺和军事会演，丰富了社区居民的生活。

四是开发社会组织资源。社会组织是社会产品和服务的重要供给者，其供给具有非营利性等特点，是社会工作者社会资源开发的重要对象。开福区社会工作者积极吸纳和引导社会组织参与到社区服务和治理中，这些社会组织在社区养老护理服务、社区安全、环保等事务中发挥了重要的作用。

五是开发社会公众资源。社会工作者积极争取社会个人慈善捐助，让社会公众积极参与到社会建设中，如长沙市开福区华声96258公益服务中心接受爱心人士与企业公益筹集的物资，用于对老人、残疾人和疾病者等弱势群体开展公益救助与关怀。2015年彭家巷社区接受社会捐助总额达10万元，同时还接受了书本、图书、衣服等方面的捐助。

六是开发志愿者资源。每个社区或多或少都有一些志愿者，如何发动志愿者参与社区志愿服务是社会工作者需要解决的重要议题。开福区社会工作者采取"社工+义工+志愿者"的方式，以社工带动义工和志愿者，激发其参与社区事务的热情，如荷花池社区"老书记"调处室志愿队在社区社工的引导和帮助下，解决了众多社区矛盾和纠纷。

无论是机构社工还是社区社工，开发和整合资源的能力是必备的。因为任何一个系统的生存都离不开与外界环境的资源交换，社区作为城市的基本单位系统也不能脱离与外界环境资源的联系。社区社工不仅不能过度依赖政府注入的行政资源，还要开动脑筋，培养相应的意识和能力去开发社区内的物质资源、行业资源、人力资源以及技术资源等。可以说，社区社工所能开发和利用资源的多少很大程度上决定了他是否能顺利做好社区工作。社会工作机构获得政府行政资源相对较少，主要是依靠市场运作，它更需要社会资源，这是其赖以生存的基础。这就需要社会工作者学会开发资源，只有掌握了一定的资源才能开展社会服务。由此可见，社会资源无论对于社区还是社会工作机构都具有重要的意义。加强社会工作队伍建设，重点是加强社会工作者开发和整合社会资源的能力。开福区注重培养社会工作者资源开发和整合的能力，引导社会工作者利用多种手段和方法争取政府行政资源、辖区机关单位资源、企事业单位资源、社会组织和草根社团资源、社会公众资源以及志愿者团队资源等，在开发和整合社区资源中提升了社会工作者的综合能力。

四 社工人才建设与社区治理服务相结合

当前由"社会管理"走向"社会治理",这就要求确定多元的社会治理主体,把企业、居民、社会组织、社会工作者等社会力量全面纳入社会治理结构和治理体系。其中,社会工作者是构建和谐社会的"减压阀"和"减震器",是社会治理的有效主体。参与社区治理和提供社区服务是社会工作者的基本功能和历史使命。加强社会工作队伍建设,其核心就是要加强社会工作者的社会治理和服务能力建设,促使其提供个性化、多样化的社区产品和社区服务。开福区通过多种措施引导和激励社会工作参与社区治理和服务,以快速回应居民需求,解决社会问题。

第一,参与社区公共服务。一是提供信息化服务。在信息化、网络化社会,居民对信息需求日益增多且还要传播高效。开福区社会工作者充分利用社区信息公开平台、社区信息互动平台,如社区公开信息化网站、社区公共服务终端、QQ群、微信公众号、公共微博等多种信息媒体向居民快速传达信息,同时增加居民线上互动,增强了居民社区归属感。二是走访社区,收集民意。大力开展"进百家门、知百家事、解百家忧、暖百家心"活动,走访群众,了解社情民意;走访困难户,问生活需要;走访经济大户,问致富经验;走访老党员、问社区发展建议等。三是关注弱势群体。定期走访空巢老人家庭、访残疾人家庭、刑释解救人员和社区矫正人员家庭、辖区困难居民家庭、单亲家庭、失独老人家庭、"三无"老人家庭等,帮助其解决日常生活、医疗救助、申请廉租房、再就业等问题。四是维护社区安全和治安。对社区主次干道、人行路面破损,下水道井盖缺失、乱搭乱盖、擅自建房等问题及时反馈进行整改;对单位和个人违反规定生产、保管、储存、运输危险易爆物品的行为进行整改,及时发现并反馈存在的突出治安问题和安全隐患线索。五是保护社区环境。及时清理主干道、大街小巷的垃圾、墙上乱贴乱画的东西;对运输渣土、垃圾和其他流体车辆污染城市道路的问题进行及时清理;协助相关部门整改锅炉和窑炉等烟尘、异味对周围居民造成居住环境污染的问题等。

第二，提供社区公益服务。社区公益服务具有非营利性、非强制性、救助性和社会性的特征。开福区社会工作者开展的公益服务主要集中在老年服务、青少年服务和残疾等弱势群体服务上，如国际关心中国慈善协会（ICC）的社工在开福区主要是为0—14岁的残疾儿童康复及家庭需求提供服务。目前ICC共服务个案101人，为他们建立个人档案，及时记录和跟进各种服务。定期家访了解家庭需求，解决孩子及家庭解决生活和康复方面的实际困难，使残疾家庭生活质量得到提高。金秋居家养老服务中心的社工主要为老人提供学习、休闲、娱乐、调理、爱心、互助六大方面的服务；社区助理服务中心的社工主要是为全区90岁以上老人、低保家庭75岁以上老人以及二级以上重度残疾老人提供日间照料、生活帮助等服务；馨之声艺术团主要是为居民提供文艺表演等文化娱乐方面的服务，极大地丰富了居民的精神文化生活；长沙市开福区助乐志愿服务中心主要是提供助残敬老、文化教育、环境保护、支教助学、义卖义演、扶贫帮困、疾病救助等方面的服务；长沙市开福区晴天残疾人职业能力评估中心为就业年龄段内的残疾人士及其家庭提供就业支持、职业技能培训、职业能力评估等方面的服务。

第三，提供社区便民服务。便民服务是居民需求最多的服务，如中医把脉、量血压、测血糖电器维修与保养、理财咨询、心理咨询、修理鞋子、修剪头发等。对于这些服务需求，开福区社区社会工作者力所能及地帮助居民解决现实问题。如彭家巷社区把长沙银行引进社区，在社区设立服务点。居民可以刷银联卡，缴纳水、电、煤气费用，缓解了低保户、下岗职工、小企业和个体工商户取钱难、贷款难的问题。另外，社区直接为居民提供活动场所，让居民直接管理。同时，对于一些需要专业性较强的服务，社区社工一方面通过引进专业社会组织，为居民提供专业化服务；另一方面，充分挖掘社区内的人力资源和技术资源，让有特长的居民组成志愿者团队，为居民提供日常服务。最具有特色的是，开福区通过积分兑换的方式，积极发展社区志愿服务和便民服务。社工引导居民通过积分存折、爱心银行等方式，量化志愿者志愿服务，以志愿服务换积分，再以积分换其他志愿服务，如四方坪街道金帆社区的"同心环保志愿服务站"、芙蓉北路街道江湾社区的"低碳爱心淘宝屋"和芙蓉北路街道欣城社区的"爱心低碳环保屋"都是积分兑换的典型品牌。这在很大程度上促进了社区志愿服务和便民服务的发展，激发了居民的志愿精神。

当前为了更加深入地推动精细化治理和精细化服务，开福区采取网格化服务的方式，社工全部下沉到网格，收集民情民意，解决社区问题。把全区101个社区和30个行政村划分为473个网格，并统一编码。组建了"1+5+X"（其中"1"代表单元网格，"5"代表网格管理员、网格民情员、网格监督员、网格治安员和网格党支部书记或党小组组长五种力量，"X"代表以楼栋长队伍、党员志愿者队伍、信息员队伍为主的社会力量）的网格管理服务团队。每位社工下沉到网格，收集社情民意、解决居民问题。如果有些问题无法解决，要快速上报并跟踪处理进程。据统计，截至2015年年底，全区网格共收集办理各类问题1.2万余件，社区网格解决了开福区85%的社会问题，办结率87%，群众满意度达到90%以上。

社会工作者并非空有虚名，而是要切切实实提供服务的。加强社会工作者人才队伍建设核心是要加强社会工作的服务能力建设，提高其承接政府公共服务的能力和回应居民需求的能力。开福区高度重视社会工作者的服务能力建设，使其在不断提供公共服务、公益服务、便民服务和志愿服务的过程中，提升自身服务能力。事实也证明，开福区社会工作者在这些方面为居民提供了个性化、多样化的服务。这是开福区社会工作人才队伍建设取得的重要成就。

综上所述，加强社会工作人才队伍建设是完善社区治理体系，提升社区治理能力的重要组成部分。社区治理和社区建设的关键是体制机制，核心是人。加强和创新社区治理，要培养造就一支数量充足、结构合理、素质优良的社会工作专业人才队伍。事实也表明，当前由于社会工作人才短缺，导致居民自治能力弱化，社会协同弱化，社区服务和产品匮乏，这足以彰显加强社会工作人才队伍建设的重要性和紧迫性。全国各地针对这些问题也都进行了社会工作人才建设的试点或尝试。长沙市开福区结合本地实际情况，探索建立了社会工作人才建设的组合式发展机制，即把"内引社区社工"和"外引机构社工"相结合，优化社会人才布局，全面促进社会工作人才知识化、年轻化和专业化。把社会工作人才队伍建设与发展社会组织、开发社会资源和开展社区治理和服务结合起来，不断提升社会工作者引导居民参与的能力、开发和整合社会资源的能力以及开展社区治理和服务的能力。事实表明，这套组合式发展机制有效地促进了社会工作人才队伍建设，社会工作者在实践中不断提升，在提升中不断实践。他们在承接公共服务、推进公共治理、反映公众诉求、维护群体利益、化解社会矛盾、推动公众参与、提供公益服务等方面发挥了重要的作用。长沙市开福区社会工作人才队伍建设的经验为全国其他地区提供了可参照的路径。

第二章 社会工作人才队伍的发展

《国家社会工作专业人才队伍建设中长期规划（2011—2020年）》提出，社会工作专业人才是具有一定社会工作专业知识和技能，在社会福利、社会救助、扶贫济困、慈善事业、社区建设、婚姻家庭、精神卫生、残障康复、教育辅导、就业援助、职工帮扶、犯罪预防、禁毒戒毒、矫治帮扶、人口计生、应急处置、群众文化等领域直接提供社会服务的专门人员。自2013年以来，开福区着重从完善组织保障、加大资金投入、政府购买服务、引进专业人才、强化培养力度、实行项目运作等几个方面，努力推进社会工作人才队伍建设，形成了区委、区政府主导，社会工作局主管，街镇主办，社区具体实施的"四位一体"的社会工作专业人才建设发展格局。

第一节 社会工作人才的边界划分

加快造就一支结构合理、素质优良的社会工作人才队伍，是构建社会主义和谐社会的迫切需要，是促进经济建设和各项社会事业又好又快发展的一项长期而艰巨的任务。[①] 开福区区委、区政府历来高度重视人才队伍建设，大力实施"人才强区"战略，致力于将具备理论素养和娴熟技巧的社会工作者发展、培养成专业性人才，成为社会建设中不可或缺的重要力量。

---

① 中国共产党第十六届中央委员会第六次全体会议：《中共中央关于构建社会主义和谐社会若干重大问题的决定》，2006年10月18日。

一 社区社会工作人才

社区社会工作人才是社区工作的主体之一，由社区自治组织成员、社区公共服务机构人员、社区社会组织队伍和社区志愿者队伍构成，具有服务居民、调解矛盾、民主管理等职能，在和谐社区建设中发挥着重要作用。

(一) 社区社会工作人才的概念及其职业内涵

与官方和半官方的管理、治理社区的工作人员不同，我们所说的社会工作者是遵循助人自助的价值理念，运用个案、小组、社区、行政等专业方法，以帮助机构和他人发挥自身潜能，协调社会关系，解决和预防社会问题，促进社会公正为职业的专业工作者。

社区社会工作人才是社会工作者的组成部分，是指在社区工作理论和原则的指导下，运用一定专业技巧和方法，在社区从事专业性和职业性助人活动的工作人员。社区社会工作人才既包括经过社会工作专业教育、具备社会工作职业资格的专业社会工作者，也包括具备一定社会工作知识的一般从业人员。

从某种意义上说，社区社会工作人才的工作特点、工作水平、工作方式和综合素质对于推进社区工作具有重要的甚至是决定性的作用。社区社会工作人才作为和谐社区建设的承担者、社会服务的提供者、社会矛盾的协调者、居民生活的关心者、社区文化的组织者、文明行为的引导者，肩负着协调利益、化解矛盾、排忧解难、服务居民的重要责任，在全面建设小康社会的今天，社区社会工作人才队伍成为加强和创新社会管理、做好群众工作的重要力量。

(二) 社区社会工作人才队伍的角色定位

社会工作者在社区工作中扮演着重要的角色，这些角色主要包括：赋能者、中介者、服务方案提供者、教育者、组织者、推动者、合作者、参与者等。社区工作者坚持以人为本、以社区居民为主的要义，承担起了政府关于基层治理的诸多工作和责任，成为维护社区稳定的主要工作力量。

1. 社区人员的服务者

为社区成员提供服务是社区工作者的首要角色。根据社区成员的实际需要，社区工作者利用直接或间接的方式为社区成员提供包括社会救助、医疗卫生、教育、社会福利等基本的公共服务，或根据社区居民需要提供其他多层次、多样化的物质、文化、生活等各方面的服务。

2. 社区权益的维护者

社区工作者是社区合法权益的代言人。当社区或社区成员的合法权益遭受侵害时，社区工作者通过向上级职能机构、街道及居委会反映社区成员的利益、要求和建议，维护社区成员的合法利益和正当权利，从而协调好社区内部与外部关系，处理好社区的公共事务。同时通过宣传、教育等手段提高社区成员的法律维权意识，自觉维护个人、社区以及整个社会的权利。

3. 社区建设的承担者

社区工作者是社区管理和服务职能的主要承担者和组织者。社区工作者不仅要整合社区内的物力、财力资源，还要调动整个社区成员参与社区建设的积极性和主动性，完善工作制度，提高工作方法，使政府机构、企业组织、个人形成合力，有效地开展有利于社区建设和发展的活动，从而促进社区协调高效的发展。

4. 社区矛盾的调解者

社区工作者的工作对象是全体社区成员，各成员主体具有不同的利益诉求，彼此存在差异性。社区工作者的大部分时间是在和社区成员打交道，当社区成员间出现矛盾和纠纷时，社区工作者要为双方建立起沟通的桥梁，担当起必要的调停者，为个人和群体解决利益冲突和矛盾分歧。

充分发挥社会工作人才队伍的职能，对落实社会政策、增强社区服务功能、满足人民群众日益增长的社会服务需求、促进和谐社区建设等都具有十分重要的意义。

（三）社区社会工作人才队伍的构成

截至 2015 年，开福区共有社区社会工作人员 1080 余人，其中专业的社区社工有253人，约占23%；机构社工有18人，约占2%。①以开福区社会工作者的现状为例，按照职业群体划分，社区社会工作人才队伍主要由以下四部分人员构成：

1. 社区自治组织成员

这部分人员主要包括社区居委会、社区小组长（楼栋长）、小区自治委员会等社区自治组织成员。这些人员的主要职责是通过自治的办法管理社区、服务居民、监督社会，特点是人员较为稳定，具有较为丰富的社区社会工作实践经验。例如新河街道幸福桥社区的"卢爹爹帮帮团"，②其实质是一个能融合多种公益资源，为居民提供便利服务的平台，它以身作则协助新河街道9个社区群众协会组织，主动而为，自主而为，尽力而为，坚持用爱心温暖困难群众，用善行弘扬文明新风，帮助了大批的社会弱势群体，形成新河街道居民自治的整体优势，在为政府、社区、群众三大服务上，开启社会管理创新的新局面。

2. 社区公共服务机构人员

由社区内公共服务机构的工作人员组成，主要是在社区服务（中心）站的各类协（助）理员，如劳动保障助理员、老年人协理员、残疾人助理员等，社区卫生服务中心、社区文化站、社区老年人日夜照料中心的工作人员等。这部分人员按照职责分工提供政府公共服务，岗位相对固定，其突出特点是大多数都受过与自身岗位有关的专业培训，具有一定的特长。例如从深圳引进的"创乐福居家养老服务中心"，是在政府指导、监管、培育、扶持下发展起来的社会组织，现有员工34名，其中大专以上文化7个，占员工总数的18%；初、中级养老护理员17个，占员工总数的50%；按照分工的不同，共同负责老人的生活、护理工作等。

---

① 数据根据"2015年开福区社区工作人员统计表"统计得出。
② 最美社区人——卢瑞雄。该社会组织宗旨是倡导文明新风，体现人文关怀、服务困难群众、促进社会和谐。

3. 社区社会组织队伍

这部分人员主要是各种专业协会、慈善团体、民间组织等社区社会组织的专业人才，分为公益类、服务类、维权类、文体类和保健类五种类型，该部分人员为广大居民提供各种公益性、互助性精神文化服务，人员流动性大，但大多学有专长，有的甚至具有很深的专业水准和很高的文化造诣。例如，伍家岭街道科大佳园社区的"书画协会"，该协会以"活跃社区文化氛围，丰富居民业余生活，弘扬中国传统文化"为宗旨，通过举办书画比赛、暑假免费学习书法课堂等活动，不仅为广大爱好书法的居民提供交流的平台，更达到弘扬中国传统书画艺术的目的，其作品多次在湖南省展览馆展出。

4. 社区志愿者队伍

主要由社区内开展互助行为的居民、离退休老干部及社区内学校的老师和学生构成，一般都有各自的工作、学习岗位，他们的主要工作内容是开展老年人服务、精神病人护理、义务维修、门诊、咨询、劳动、值班、讲座等。其突出特点是人数众多，职业分布广泛，年龄跨度较大，他们一般不计报酬、自愿服务。例如，捞刀河街道的捞刀河社区，该社区里面有十支志愿者服务队伍，队伍都至少成立六年，十支队伍并非独立运作，而是相互融合的一个循环圈，自治程度非常高，运作良好。社区自己成立有一个"博爱超市"，对所有居民、两委成员都实行积分兑换管理制度，可以通过平时的志愿行为进行积分，在超市里面兑换相应物品。

二 机构社会工作人才

社会工作人才不仅包括社区社会工作人才，而且还包括机构社会工作人才。机构社会工作是城乡社会服务体系的重要内容，机构社会工作人才队伍是加强社会建设和管理的重要力量。当前，我国工业化、信息化、城镇化、市场化、国际化持续发展，正进入一个社会转型和经济发展的关键时期。加快推进机构社会工作人才队伍建设，对于创新社会管理体制，优化城乡社会服务，完善社会保障体系，推进事业单位改革具有重要作用。

（一）机构社会工作人才的概念

社会工作机构是以社会工作者为主体，坚持"助人自助"宗旨，遵循社会工作专业伦理规范，综合运用社会工作专业知识、方法和技能，开展困难救助、矛盾调处、权益维护、心理疏导、行为矫治、关系调适等服务工作的非企业单位。所以，机构社会工作人才是指这些社会工作机构在坚持"助人自助"宗旨，遵循社会工作专业伦理规范的前提下，综合运用社会工作专业知识、方法和技能培养的社会工作人员。机构社工是社会工作人才的组成部分，是有效整合社会工作服务资源和开展社会工作专业服务的不可或缺的主体力量之一。进一步推进机构社会工作及其人才队伍建设，预防和解决当前社会发展中存在的各种矛盾和问题，推动政府转变职能，创新社会管理和公共服务方式，加强以改善民生为重点的社会建设，促进社会和谐，具有重要意义。

（二）机构社会工作人才的职能

职能是人或一个机构所发挥应有的作用。机构社工人才的职能不同于社区社工人才的职能，除了共同的职能，还有自己内部特殊的职能。根据中共长沙市开福区委组织部、民政局《关于印发〈开福区社区工作人员管理办法（试行）〉的通知》等文件，开福区机构社工的职能包括：第一，协助行政单位社区治理和社区服务工作。协助区政府、街道办事处或社区做好与各社区居民自身利益有关的社会保障、社会救助、社会治安、公共卫生、计划生育、城市管理、劳动就业、文化体育、人民调解、社区矫正、社会治理创新、弱势群体帮扶等工作，推动政府社区管理和公共服务覆盖到全社区。第二，组织协调驻社区单位开展共建活动。"共驻共建"是新形势下充分调动和发挥社区工作人员进社区，参与社区建设、管理、服务的有效形式，也是形成区直单位、街道社区良性互动，构建社区工作大格局的一项重要措施。机构社工坚持以人为本，协调解决社区居民群众最关心、最直接、最现实的利益问题，务实推进和谐社区建设，让居民群众共享社区建设和发展成果。第三，接受上级职能部门的指导与监督。接受区职能部门的业务指导及街道、社区的管理和监督，服从和执行上级的决定和命令，完成上级的任务。

(三) 机构社会工作人才的特点

机构社会工作人才作为社会工作人才队伍的组成部分和建设实验区的主要专业社工之一，它具有工作专业性、专一性、链接资源强等特点。

1. 专业性

本书的专业性是指机构社工人才具有社会工作专业背景和通过社会工作师证书。截至 2015 年年底，开福区的机构社工大部分都具有社工专业背景，他们对社区工作的方法和技巧很熟练，具有很强的专业理论和实务指导，可以全面且深入地提供专业化的社会工作服务。大多数人通过了参加区政府组织的考前培训和业务培训，按照国家的要求参加社工资格证考试，取得了助理社会工作师、社会工作师职业水平证书，通过率越来越高。加强机构社工专业化是社会分工的要求，是社会服务规范化的要求，也是有效提供社会服务以满足社区居民需求的要求。

2. 专一性

专一性又称专属性，这里主要是指机构社工人才在提供服务方面的专一性。大家都知道，社区社会工作人才不仅给社区居民提供养老服务或矫正服务，他们还利用所在社区的社工机构在教育、医疗、司法等领域提供众多而广泛的服务。但是，机构社会工作人才只在他们所擅长的领域提供专一性的服务，例如新康养老服务中心提供的服务是养老服务；德馨社会工作服务中心提供的是社区矫正服务；国际关心中国慈善协会（International China Concern，ICC）于 2010 年 9 月与开福区政府合作成立了"爱希会长沙市开福区残疾儿童服务中心"，目标是支持长沙市有残疾孩子的家庭。机构社工人才提供的服务具有专一性，可以扩大他们在某一领域服务的影响，有利于打造他们自己独具特色的服务品牌。

3. 连接资源强

连接资源是指可以运用为社区居民服务的一切的人力、物力、财力、文化和组织资源。机构社工要根据资源的不同特点，合理配置资源，保障资源能够被有效协调和使用，发挥资源最大的效率。机构社工为社区服务所需的资金或其他资源，不仅从政府所取，还从其他单位所获。例如新康养老服务中心负责人介绍，他们中心日常运转的资金一般由政府、政协和本社区提供，举办活动场地由驻社区提供，人力由社工机构、社区人员、和周边的组织单位一起提供。机构社工对资源的强连接，有益于他们完成日常所需工作和特色活动工作，也有利于解决他们举办活动的后顾之忧，有利于他们同政府与社会之间的互联、互动。

第二节 社会工作人才发展的表现

社会工作人才作为从事以改善民生为重点的社会建设的专业型人才，是构建社会主义和谐社会的重大任务之一，是全面建成小康社会和实现中华民族伟大复兴的主体力量之一，也是中国人才队伍建设的重要组成部分。中国改革开放的经验教训表明，国家进行经济、政治、文化、社会、生态五位一体建设需要宏大的社会工作人才队伍，而社工人才队伍的年轻化、知识化、专业化以及角色转换是其重要组成部分。

一 社会工作人才队伍的年轻化

自 20 世纪 80 年代干部年轻化方针提出后，伴随着改革开放步伐的逐步推进，当前已进入改革开放攻坚期的新阶段，长沙市开福区社会工作人才年轻化改革呈现出新的局面。

（一）年轻化的基本含义和现实意义

20 世纪 60 年代，邓小平同志在全军政治工作会议上，首次提出"年轻化"，他是针对当时作战部队指挥员年龄偏大的问题提出的。"年轻化"不仅仅指年龄问题，还包括精神面貌、思想活力等内容。但是，我们这里所讲的社会工作人才队伍的年轻化，其实具体是指社会工作人才的年龄。社会工作人才的年轻化是促进改革开放事业的需要，是加强党的建设的需要，是适应时代变化的需要，是实现社区居民自治的需要，也是推进社会工作人才队伍建设的需要。

(二) 开福区社区工作人员年龄的基本情况

为进一步提升基层组织建设水平，加强社区工作人员队伍建设，切实增强社区治理和服务水平，根据《开福区推进全国社区治理和服务创新实验区建设实施方案》和《开福区社区工作人员管理办法（试行）》等文件精神，长沙市开福区区委组织部、区民政局、区人社局坚持以居民需求为导向，按照"政府主导、科学合理、效能优先"的原则，在社会事务类单位、街镇、社区等基层服务单位和社会组织中设置社会工作岗位，配备使用年富力强的社会工作专业人才。从2010年开始，开福区民政局等组织机构面向社会公开招聘了一批年纪轻、文化高、接受新事物快、开拓创新意识强的大学生，安排在社区进行一线社工项目建设，主要为开福区老年人、残障人士、青少年、外来务工人员、社区矫正对象提供专业社工服务。引进和招聘年富力强的社会工作专业人才，有利于充实社区工作者队伍，有效地改善了社区干部的年龄结构，为社区注入了新鲜血液，增添了生机和活力，加快了社区干部队伍职业化进程。

总体来看，开福区社区工作人才队伍呈现出年轻化的趋势。如20世纪60年代及以前出生的工作人员的比例由43.2%降低到27%，70年代、80年代、90年代及之后的比例不断增加，分别由30.4%提高到36%、由23.1%提高到28%、由3.3%提高到9%（如图2-1所示）。

二 社会工作人才队伍的知识化

随着社会主义市场经济体制的逐步建立和城市管理体制的日益深化，社区建设工作出现了许多新情况、新问题。在新的形势下，要做好社区工作，促进社区建设和社区服务的进一步开展，社会工作人才队伍素质的培养和提高就显得尤为重要。

(一) 知识化的基本含义及现实意义

十一届三中全会后，针对党和国家干部队伍年龄老化，知识、精力、专业结构不能适应社会主义现代化建设需要的实际情况，指出：

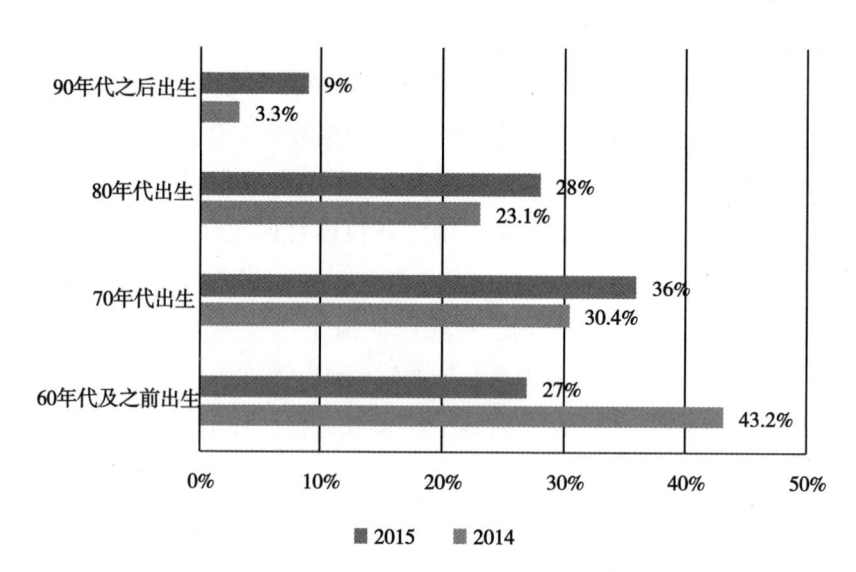

图 2-1　2014 年、2015 年开福区社区工作人员年龄的基本情况

"要在坚持社会主义道路的前提下，使我们的干部队伍年轻化、知识化、专业化。""革命化、年轻化、知识化、专业化"是新时期党的干部政策的指导方针。

所谓知识化，是以智能化、网络化信息工具的广泛应用为基础，知识被高度应用，知识资源被高度共享，从而使得人的智能潜力以及社会物质资源潜力被充分发挥，个人行为、组织决策和社会运行趋于合理化的理想状态，其本质上就是不断学习与创新的过程。

社区工作人员作为社区服务的直接提供者、社区建设的直接参与者，面对内容复杂、范围广泛的社区管理和服务工作，要真正实现社区自治，真正把党和政府的各项方针政策与人民群众的根本利益密切联系起来，就要求社区工作人员必须具有较高的政治理论水平、广博的知识和多方面的技能，具有应对突发事件和处理日常琐碎事务的能力。因此，社会工作人才队伍的文化素质底蕴就成为社区建设的重要组成部分。

（二）开福区社会工作人才队伍知识化的基本情况

为加强和创新社会管理，努力造就一支结构合理、素质优良的社会工作人才队伍，开福区通过实行严格的社区工作人员准入制度、加强人才的培育和引进机制,来加快推进社会工作人才队伍知识化的发展步伐,为创新社会治理、构建"和谐湖南"提供有力的人才支撑。

1. 文化程度普遍提高

根据中央组织部、中央政法委、国家民政部等18部委关于加强社会工作人才队伍建设的文件精神,开福区为加强社会工作人才队伍建设,切实增强社区治理和服务水平,结合该区实际,实行严格的社区工作人员准入制度,不断提升社会工作人才队伍的文化素质,为建设管理有序、服务完善、文明祥和的和谐社区提供基础保障。具体措施包括由区委组织部、区民政局、区人社局每年集中面向社会公开招录的社区工作人员需有全日制大专及以上学历,拥有相关资格证书的优先考虑;同时力争完成在3—5年内,社区工作人员队伍学历层次普遍达到全日制大专以上,社会工作职业资格普遍达到初级以上水平的目标。

从统计数据来看,开福区社区工作人员的文化程度显然在不断提高。如表2-1所示,从2014年到2015年,一方面,本科生及以上学历的人员比例从20.6%提高到25%,大专生的比例从44.8%提高到55%;另一方面,高中及初中以下文化程度的人数在不断下降,分别从21.9%下降到18.6%,从12.7%下降到0.4%。这些数据显示,大专及其以上学历的人数不断增多,高中及以下学历的人数在不断减少,开福区社区工作人员的文化程度呈现逐渐上升趋势。

表2-1　2014年、2015年开福区社区工作人员文化程度统计

文化程度	2014年社区工作人员		2015年社区工作人员	
	人数	比例	人数	比例
本科及以上	248	20.6%	260	25%
大专	540	44.8%	566	55%
高中	264	21.9%	191	18.6%
初中及以下	153	12.7%	5	0.4%

2. 基础理论知识教育逐渐加强

社区工作人员作为基层的服务人员,是上传下达的中转站和化解

社会矛盾的润滑剂,发挥着沟通政府与群众的重要作用。在新的形势下,要做好社区工作,促进社区建设和社区服务的进一步开展,社区工作人员作为社区各项工作的主要力量,其素质的培养和提高就显得尤为重要。

通过与高校建立合作关系,开福区有计划、有步骤地加大对社会工作人员的知识提升教育。具体措施如下:一是尽快教育培训一批。即针对现有的在岗人员组织社会工作专业培训,提升在岗人员的理论水平和职业化水平。开福区社工局每年聘请高校社会工作专业方面的老师,免费为报名的学员进行培训,截至 2015 年,共有 1400 多人次参加了培训,其中 330 名已经通过了全国社会工作师考试,其中 93 名获得社会工作师职称,237 名获得助理社会工作师职称。二是抓紧引进一批。2010 年 5 月,开福区社会工作局面向社会公开招聘了 11 名具有高校社会工作专业背景的社会工作者,由区社会工作局直接管理,并通过"点对点"的方式在社会治理项目基地分别从事居家养老、青少年教育、残疾人帮扶、社区矫正、新居民服务等社会工作。三是机构培养一批。即通过引进和培育专业社会工作机构,让社会工作人员在机构中成长历练,增加工作经验,目前开福区共有公益慈善类社会组织 30 多家,从事一线服务的社工 50 多名。

长沙市开福区通过提升社区工作人员的准入门槛,加大教育培训力度等措施,不断丰富社会工作人才队伍的专业理论知识,完善专业方法与技术,提高专业实务能力,使得社区工作人员在社区建设与管理创新中的柔性特征和"黏合剂"作用充分彰显,在提供社区服务、化解各类矛盾、维护社会稳定、促进社会和谐等方面的作用得到充分发挥。

三 社会工作人才队伍的专业化

社会工作专业人才是社会建设的重要力量,在社会服务、管理工作中发挥着主力军作用。党的十六届六中全会明确提出"要通过多种渠道吸纳社会工作人才,提高专业化社会服务水平,培养一支结构合理、素质优良的宏大的社会工作人才队伍"①。因此，加快建设具有较高专业化水平的社会工作人才队伍，以加强社会管理、改进社会服务，已成当务之急。

（一）专业化的基本含义

社会工作的专业化一直是社会工作界学者和实务工作者备受关注的话题。1957年格林伍德在《社会工作》杂志上发表了《专业的特质》一文，提出了专业的五个特质，即专业理论体系、专业伦理、专业文化、专业权威、社区认可。② 福塞斯和丹利斯韦兹通过对社会工作等八个不同职业的专业化过程分析，指出社会工作争取专业地位应具有三个先决条件：（1）服务工作对服务使用者和社会来说是必要的和不可缺少的；（2）实务工作对专业服务具有垄断性和排他性；（3）服务工作不是程式化的简单重复，而是涉及专门知识的灵活运用，并且服务提供者具有一定的自由裁量权，因而服务具有一定的复杂性。③

不论从社会工作的专业特质，还是从社会工作专业地位的获得来看，按照专业的标准，持守专业理念，发展专业理论，运用专业方法进行服务，即是社会工作专业化的过程，具体包括6个部分：（1）以社会工作价值和伦理为先导的；（2）强调理论体系建构的；（3）伴随服务技术规范化和有效自由裁量的；（4）包含着本土化的；（5）排除过度专业化的；（6）在独立的专业社团推动下的专业化。不应为专业化而专业化，专业化也不是最终目的，服务弱势群体、实现社会的公平与正义、促进人类福祉才是社会工作专业化的实质。

（二）开福区社会工作人才队伍专业化的发展状况

2010年，开福区率先进行了"社会管理社区化、社区管理社会化"社会治理创新综合试点工作的探索和实践，社会工作专业人才队

---

① 中国共产党第十六届中央委员会第六次全体会议：《中共中央关于构建社会主义和谐社会若干重大问题的决定》，2006年10月18日。

② Greenwood, "Attribute of a Profession", *Social Work*, Vol. 2, 1957, pp.44-55.

③ Forsyth and Danislewlsz, "Forward a Theory of Professionalization Work and Occupations", *Social Work*, Vol.1, 1985, pp.59-76.

伍建设是其重要内容之一。多年来，开福区着重从完善政策体系、加大人才培育引进、建立培训机制等方面，努力推进社会工作人才队伍的专业化建设。

1. 持证社工的人数逐渐增多

2010年，开福区成立了社会工作局，各街（镇）分别设立了社工站，对辖区内的社工人才队伍建设工作进行统筹、协调。同时成立了区社会工作协会，负责全区社工站和社会工作服务机构活动的组织与协调工作，以及社会工作者的继续教育、人才交流、人才激励工作。

开福区通过下发《关于提高社区专职工作人员工资福利待遇的实施方案》，对获得国家级助理社会工作师、社会工作师职业证书的社区社会工作者分别给予200元/月、300元/月的职称工资，初步建立起社会工作人才的激励体制，形成了区委、区政府主导，社会工作局主管，街镇主办，社区具体实施的"四位一体"的社会工作专业人才建设发展格局。

据统计，截至2014年，开福区共有272名专业社工，其中持初级资格证的有184人，占68%；持中级资格证的有88人，占32%。此外，如表2-2所示，开福区社区社工人员因年龄结构及学历等因素的限制，虽然在某些年份考证情况出现下滑现象，但总体来说依然呈缓慢增加的态势；机构社工考证的比例则显现出迅速增长的趋势，从2012年的6%增加到2014年的39%。这些数据显示，开福区通过配套相应的工资待遇，激发社工人才工作活力，加快现有社区工作人员向社工专业人才转化的激励措施是有效果的。

表2-2　　　　　　　　　开福区社工考证情况

年份	社区社工		机构社工	
	人数	比例	人数	比例
2008	39	15.5%		
2009	33	13.2%		
2010	34	13.6%	1	6%

续表

年份	社区社工		机构社工	
	人数	比例	人数	比例
2011	21	8.4%	2	11%
2012	49	19.5%	1	6%
2013	39	15.5%	7	39%
2014	36	14.3%	7	39%

2. 社工人才的培育引进力度加强

人才问题，是个战略问题，是决定我们命运的问题。[①] 社会工作人才在协调社会关系、预防和解决社会问题、促进社会公正等方面发挥着独特作用，是现代社会管理与服务的重要力量。开福区着重从以下三点进行人才的培养及引进：

一是积极培养本土社工。2010年，开福区面向社会公开招聘11名具有大专以上社会工作学历背景的社会工作者，安排在社区进行一线社工项目建设，主要为残障人士、青少年、外来务工人员、社区矫正对象提供专业社工服务。

二是引进专业社工。经过前期多方面洽谈协商，开福区引进深圳品牌信誉好、专业能力强的社工类社会组织并成立了"众仁社会工作服务中心"，这是湖南省第一家具有独立法人资格的民办社工服务机构，现有专业社工13名。开福区政府连续四年每年投入100万元购买"众仁社会工作服务中心"的专业社工服务，为辖区居民提供基层矛盾调处、信访拆迁、家庭综合指导、医院病人心理慰藉等多项专业服务，服务总人数达16370余人。

三是探索本土化社工机构发展道路。开福区成立了"德馨社会工作服务中心""鑫晨婚姻家庭服务中心"等30多家公益慈善类社会组织，目前从事一线服务的社工有50多名，通过立足社区实际，回应居民需求，开展社区建设、居家养老、社会组织培育等方面的服务，解决居民最关心的实际问题。

[①] 《邓小平文选》第2卷，人民出版社1993年版，第384页。

开福区通过培养本土社工、引进专业社工等方式，为社区工作注入新鲜的血液，促进社会工作人员工作理念的转变，从而带动整个社区工作水平的提升，使培育和引进的专业社工人才成为创新社会治理、构建"和谐湖南"的有力支撑。

3. 专业的知识培训普遍展开

开福区以提升社会工作人才的专业化水平为目的，不断加强对社区工作者业务知识和工作技能的培训，探索建立社会工作人才的教育培训制度。具体措施有：

(1) 搭建教育培训平台。一是成立专家咨询组。充分利用高校人才资源，加强理论与实践的交流合作，聘请相关专家教授担任咨询顾问，定期开展社区工作者培训活动。二是建立街道培训基地。把四方社区、荷花池社区、建湘新村社区等作为实践站点，搭建社会工作人才培养的培训平台。

(2) 开展教育培训活动。一是开展社区工作知识普及教育培训。通过举办"社会工作概论""社会工作发展现状和趋势"等专题讲座，扩展街道、社区相关工作人员的专业知识。二是开展职业资格考试培训。从2008年开始，区社工局每年聘请高校社会工作专业方面的老师，免费为报名的学员进行培训，截至2015年，共有1400多人次参加了培训。具体培训见表2-3。

(3) 建立教育培养长效机制。一是建立教育培训制度。明确教育培训人员，创新教育培训的方式，激励社会工作人才参加继续教育、参加资格考试，提升专业能力和水平。二是建立奖励制度。如鼓励社区工作者参加国家和省级社会工作职业水平考试，并对考试合格者给予津贴奖励等。

表2-3　　　　　　　长沙市开福区培训情况一览

年份	主办方	培训起止时间	培训主题	培训参与人员	
				参与主体	人数总和
2010	区委党校	9.18—9.25	党建培训	社区主任、书记	89
	民政局	6.3—6.10	社会工作考前培训	社区、社会组织工作人员	260

续表

年份	主办方	培训起止时间	培训主题	培训参与人员 参与主体	培训参与人员 人数总和
2011	民政局	5.27—6.3	社会工作考前培训	社区、社会组织工作人员	210
2011	民政局	7.11—7.16	社区干部培训	街道分管民政主任、社区书记	80
2012	区委党校	6.18—6.25	党建培训	社区主任、书记	100
2012	民政局	5.28—6.4	社会工作考前培训	社区、社会组织工作人员	200
2013	民政局	5.28—6.7	社会工作考前培训	社区、社会组织工作人员	200
2013	民政局	10.9—10.16	社会治理创新	街道分管副主任、社区主任	60
2014	民政局	5.17—5.21	社会治理创新	街道分管民政主任、社区书记	50
2014	民政局	5.31—6.7	社会工作考前培训	社区、社会组织工作人员	198
2015	民政局	6.2—6.9	社会工作考前培训	社区、社会组织工作人员	198
2015	组织部	10.22—10.26	社区党建与社会治理	街道副书记、社区书记	60

通过全面加强开福区社区工作人员的理论与实务培训，重点突出社会工作理念方法、专业知识、职业操守等方面的教育，为实现社区工作人员向专业社会工作人才转变、打造专业型的社会工作队伍奠定了坚实的基础。

四 角色转变

开福区政府根据《民政部关于加强全国社区管理和服务创新实验区工作的意见》，在推进社会工作人才队伍建设方面跳出了保姆包办式的思维，服务理念实现了由包办向需求引导的转变，服务方式由保守到创新的转变。

（一）服务理念：由包办到需求引导

社区是一个城市的"细胞"，是建设现代文明城市的基石。社区建设的三项重点工作包括发展社区服务、完善社区自治以及加强社区党建,其中,发展社区服务是根本。要建设"管理有序、服务完善、环境优美、治安良好、生活便利、人际关系和谐"的新型社区,就必须抓好社区服务这个根本,创新服务理念,强化服务功能,提高广大居民群众的满意度和幸福指数。

中国城市社会控制方式的转型出现了两次,第一次是在20世纪上半叶,主要是从传统社区向法定社区演变;第二次是在20世纪下半叶,是由以法定社区为主转向以单位体系为主,然后又由单位制向社区制转变。在中华人民共和国成立后到改革开放前这个时期,开福区社区服务实行的是"单位制"① 模式,包括社区单位化②和单位社区化③。社区服务的具体事务由政府直接包办统揽,实行垄断性经营。政府包办主要表现在大包大揽,不该管、管不了及管不好的事都揽在自己身上。造成的后果是基层社区不断依赖政府,政府负担加重。

随着社会主义市场经济的建立和社区服务发展模式逐渐向"多元模式"转变,"单位制"迅速瓦解,各项社区发展和社区工作陆续提上议事日程并取得了初步成效,社区建设愈来愈成为城市发展的重中之重,社区服务的角色开始转变为政府引导。"政府引导"的具体做法包括两方面:第一,扩宽民主参与渠道,引导居民建言献策。进一步畅通基层民主渠道、创新居民参与方式,通过社区论坛、对话恳谈、网上议事、微信交流等形式,引导居民在社区治理和服务上建言献策,充分调动居民群众参与社区治理和服务的积极性、主动性和创造性。例如,清水塘街道创立了"首尚清水塘"社区微信公共服务信息平台;芙蓉北路街道在湘江世纪城3个社区建立了"网上世纪城"社区居民公共论坛。第二,引导社区加强法治建设,完善城市居委会基层民主自治体系。指导社区依照居民自治组织法制定了《社区

---

① "单位制"最初是源于中国共产党在根据地时期形成的对"党的革命队伍"的特殊管理体制。

② 社区单位化是指组织城市人民公社,就是要消灭城市社区中残存的单位体系外的一些死角,使城市社会彻底单位化。

③ 单位社区化包括两层含义:一是单位和社区在城市地理空间上的重叠,二是通常所说的"单位办社会",用单位的多元化功能取代了社区功能。

自治章程》《社区服务公约》等规章制度，规范居民自治形式和程序；完善民情恳谈、决策听证、居民论坛等基层民主形式；进一步深化政务公开、居务公开。

开福区社区服务的角色由包办转变为政府引导，体现了新形势下我国政府转型和政府职能转换的要求，激发了社区建设的舆论范围，提高和培养了广大社区居民与一些社工机构或社会团体的参与热情和高度的责任感，减轻了政府自身的工作压力和负担，为进一步完善创建国家试验区奠定了一定的基础，也将有效实现社区现代化的远大目标。

(二) 服务方式：由保守到创新

过去，由于信息化水平的局限，政府对于社区服务一般是采取保守的形式，表现在：第一，政府的信息下达。一般公布在政府办公大楼一楼的黑板上，或者用政府文件一级一级地传达下去，导致信息下达和传播缓慢。第二，居民的生活服务。比如办理证件、水电缴费，社区居民要多跑路到各个部门去办理，如需要填表格的，还需要等一些时候，这样导致居民生活很不方便。第三，居委会换届选举。每一次居委会换届选举，有选举权的居民都要被召集到居委会办公地点进行投票选举，投票程序烦琐和保守，导致很多人的时间被耽搁，等等。这些服务形式阻碍了社区建设的发展进程。

但是，近几年来，为全面提升社区治理和服务能力，确保完成国家社区试验区的建设任务，开福区按照"政府主导、多方参与、因地制宜、突出特色"的基本原则，采用移动互联网、大数据与社区结合起来，力争在近几年内打造多个智慧社区。智慧社区是指以"互联网+"为支撑，以满足社区居民日益增长的信息化服务需求为目标，让"信息多跑路，群众少跑腿"，确保"小事不出家门、大事不出社区、难事不出街道"，着力打造基础设施现代化、政府服务协同化、社区管理智能化、公共服务网络化、居民生活便捷化的宜居社区。

为了更好地建成智慧社区，开福区政府制定了多种措施：第一，凭借"互联网+"平台，打造智慧党建。利用移动应用支撑平台和党建微网络，以创建智慧党建为载体，将开福区党建工作、组织建设、党员服务互联互通，提供党讯快递、党代表直通车、三会一课、党员交流等服务，真正让党员管理"连"上网、让支部生活"晒"上网、让发展党员"搬"上网，让"互联网+"党建真正融入党员生活、融入基层党务工作中。第二，凭借"互联网+"平台，创新社区治理。打造区级移动终端APP，充分利用社区网络互动平台，创建社区事务共同协商、民主决策、集体监督的共同治理格局，实现社区和居民的零距离对接，最终全面实现居民自治。第三，凭借"互联网+"平台，提升公共服务。加强开福区各社区阵地及网络基础设施建设，逐步实现社区无线Wi-Fi全覆盖；实行公共服务承诺制、首问责任制、限时办结制，强化流程监督，提升社区公共服务能力。

社区服务方式由保守到创新的转变，为开福区社区建设提供了良好的社会环境，有利于实现政务服务的公开、透明、便捷、高效，有利于打造具有"生活性、知识性、服务性、运营性"的智慧生活圈，从而快速打造开福区特色品牌。

第三节 社会工作人才队伍发展的影响因素

2014年1月，长沙市开福区被确定为第二批全国社区治理和服务创新实验区。为进一步加强社区治理和服务创新，这就需要建设一批社会工作人才队伍。纵观近几年，开福区社会工作人才队伍在年轻化、知识化、专业化、角色转换等方面发生了变化，如"80后"和"90后"的社会工作人才占的比重大，本科以上学历的社会工作专业背景的人才越来越多等。

一 社会工作人才发展的引进机制

社区建设也离不开人才的建设，拥有一支高素质、职业化、专业化、社会化的社会工作人才队伍是社区建设的重中之重。长沙市开福区区委、区政府高度重视人才工作和人才队伍建设，大力实施"科教兴区""人才强区"战略，将社工人才队伍建设工作纳入经济和社会发展规划以及人才发展规划中，并制定了《开福区2010—2015年社会工作人才队伍建设规划》，明确社会工作人才规划目标，积极招录具有社会工作专业背景和社工职业资格证书的高校毕业生到社区管理社会化项目基地和社区社会工作岗位。研究制定了开福区社会工作人才选拔任用制度，在社区换届选举中，优先使社会工作人才进入社区工作，同时区、街两级针对一线优秀社工人员设置了一定比例的事业岗位。目前，开福区社会工作人才队伍建设工作成效显著。引进了一批年龄结构好，文化素质高、工作能力强，且热爱社区工作的人员到社区或专业社会工作机构工作。在社会工作人才引进方面，开福区有自己独特的经验。

(一) 以居民需求为导向，开发社工岗位

开福区坚持以居民需求为导向，按照"政府主导、科学合理、效能优先"的原则，在社会事务类单位，街镇、社区等基层服务单位和社会组织中设置社会工作岗位，配备使用社会工作专业人才。现已制订了《开福区社会工作岗位设置方案（试行）》，并率先在民政事业单位中设置社会工作岗位，同时，在党政部门、事业单位、城乡社区、非营利性社会组织也开发设置了一定数量的社会工作岗位。目前，在试点社区的残疾人照料、残疾人康复与培训、居家养老、司法矫正、青少年教育培养、幼儿早教等领域开展社会工作岗位调研的基础上，按照社会工作职业化、专业化发展的要求，界定社会工作岗位，明确职位职责，任职资格条件等，开发社会工作岗位11个。这为社工人才应用专业知识、实践专业理念、开展专业服务提供了广阔的平台。

(二) 制定人员招聘制度，大力引进专业人才

在社工人才引进、招聘方面，开福区明文规定，社区工作人员由区社区建设领导小组牵头，通过公开招聘的方式配备，并实行统一招聘、统一管理、统一调配、统一考核。同时，社区工作人员按照专业化、职业化的要求，采取公开招考的方式聘用。招聘工作在区社区建设领导小组指导下，由组织部、民政局、人社局共同组织实施。社区工作人员招聘基本条件如下：

其一，拥护党的领导，坚决贯彻执行党的路线、方针和政策，具

有全心全意为人民服务的精神和较强的组织纪律观念。

其二，有志于社区工作，热爱社会管理，有爱心、责任心、事业心，吃苦耐劳，乐于奉献，勇于创新，有一定的文字功底和组织协调能力，能熟练操作各种办公软件。

其三，具有全日制大专以上学历，年满18周岁，年龄不超过35周岁。

其四，具有国家助理社工师职业资格证书或以上的人员在同等条件下优先聘用。

社区工作人员聘用工作由区社区建设领导小组统一领导，区社区建设领导小组办公室牵头，由区委组织部、区民政局、人社局共同负责组织实施，原则上每年组织1次。每年2月底前，由各街道工委根据社区工作人员编制缺额与工作实际，向组织、民政部门上报社区工作人员招聘需求。

聘用工作按发布招聘公告、资格审查、组织考试、体检、考察、公示、聘用的程序进行。

对于紧缺人才（选用现有人才后仍空缺的社会工作岗位），主要采取以下方式引进：

1. 区内调剂。凡全区范围内有合适人选的，由区人事局统一调整。

2. 对外选拔。凡全区范围内无合适人选的，面向社会和高校公开选拔聘用。

3. 智力引进。充分利用辖区内资源，采取引智的方式，引进高层次社会工作人才，充实社会工作岗位。

开福区社工人才引进成效显著，如2010年，开福区面向社会公开招聘了11名具有高校社会工作专业背景的社会工作者，由区社会工作局直接管理，并通过"点对点"的方式在社会治理项目基地分别从事居家养老、青少年教育、残疾人帮扶、社区矫正、新居民服务等社会工作。2011年，开福区探索了社工人才引进、组织培育的新路子，经过前期多方洽谈协商，引进深圳品牌信誉好、专业能力强的社工类社会组织成立了众仁社工服务中心，这是湖南省第一家具有独立法人资格的民办社工服务机构，现有专业社工13名。通过公开招投标，签订购买合同，除免费提供装修完善的办公活动场地外，政府每年还向其支付100万元的购买费用，同时开福区还引进了爱希会（ICC）残疾儿童服务中心等多家社会组织。

（三）制定激励措施，吸引优秀社工

开福区把社工人才队伍建设工作纳入经济和社会发展规划以及人才发展规划中，并将其工作经费、业务经费以及相关服务专项经费纳入财政预算，建立了社工人才队伍建设经费保障的长效机制和自然增长机制，建立健全了社区工作人员职业发展体系，建立了社区工作人员工资提升制度，确保社区工作人员工资稳步提升。特别是，创新方法，探索建立了岗位薪酬机制。首先，根据岗位需求，探索建立社会工作人员专业技术职务工资制度。其次，对在全国社会工作职业资格水平考试中取得助理社会工作师或社会工作师的社区（村）社会工作人员，分别给予1000元或1200元的奖励，对获得助理社会工作师、社会工作师、高级社会工作师职称的社区工作人员，分别每月补贴200元、300元、500元职称津贴。最后，探索实施政府购买社会工作服务的薪酬管理办法。根据服务项目条件、项目任务支付薪酬。这些激励措施为引进高素质的社会工作者提供了可靠的保障。

二 社会工作人才发展的培训制度

强化社会工作专业力度，努力造就结构合理、素质优良的社会工作人才队伍，是社会工作发展的必然趋势。社工人才队伍的建设必须从加大对现有社工实务工作者的培训入手，使之走上专业化、职业化的道路，充分发挥其在社区服务、社区管理和社区建设方面的骨干作用，为社区居民群众提供良好的服务。

开福区认真贯彻落实民政部和省、市关于推进社会工作人才队伍建设工作的相关精神，以社区管理社会化为依托，全面引进社会工作专业的理念与方法，不断加强对社区工作人员的培训力度，通过努力传输社会工作专业知识、系统的理论方法，改善其思维方式，着力形

成社区社会工作人才队伍建设的良好格局,完成培育一支专业化、职业化、社会化的社会工作人才队伍的目标。具体措施及步骤包括:

(一) 推进社区工作人员的教育培训

开福区在2010—2015年社会工作人才队伍建设规划[①]中指出,要切实提高教育培训工作的针对性、可操作性和前瞻性,打造社会工作人才队伍的终身教育体系,提高社会工作人才专业素质,打造开福区社会工作人才良港。开福区将社会工作者的继续教育规范化,规定从业人员每年要接受相应的继续教育培训,提高职业素质和专业工作能力,并将参加继续教育培训的情况作为社会工作者水平评价年度复核登记和工作考核的重要依据。

1. 鼓励社区工作人员参加业余学历教育培训

开福区规定,凡年龄在40周岁以下,文化程度在本科以下的社区工作人员,参加学历教育,经本人申请,街道批准同意,对取得本科及以上学历证书者,由街道根据实际情况,给予一定比例的经费报销。[②] 通过将社会工作教育培训纳入社区基层工作人员教育培训体系,坚持分类别、分层次、有重点地加强社区基层工作人员的学历及专业教育培训,达到提升社区基层工作人员的专业知识理论素养,调动社会工作人才的积极性,促进社工队伍向专业化发展的目的。

2. 坚持"走出去"和"请进来"相结合

开福区结合自身社会工作人才队伍建设的实际情况,推行校基合作(即学校和社工项目基地合作)模式,努力形成教育培训工作的对口交流与合作机制。即充分利用先进地区社会工作教育培训的资源,学习他们发展社会工作的成功经验,再结合自身开展社会工作的实践和理论研究,总结提升好经验、好做法,为进一步推进社工人才队伍建设提供有益借鉴。例如,开福区不仅通过组织人员去深圳、上海等发达地区学习社区治理与创新的先进做法,还依托华中师范大

---

① 《长沙市开福区2010—2015年社会工作人才队伍建设规划》。
② 中共长沙市开福区委组织部、长沙市开福区民政局《关于印发〈开福区社区工作人员管理办法(试行)〉的通知》。

学、湖南农业大学、长沙民政学院等高等院校，定期或不定期地对社区基层工作人员全面加强社会工作理论与实务方面的培训教育，以提高社区工作人员的专业素质，为社区工作人员向专业社会工作人才转变打好坚实的基础。

(二) 突出社区工作人员的专项业务培训

开福区通过开展社区工作知识普及教育培训，以专题讲座、专题讨论、案例分析相结合的方式，举办一些上岗、常态业务、专项工作等培训，并多次进行专题为"社会工作概论""在社会救助领域如何发挥社工作用""如何不断提高社工人员的职业操守""谈谈我的成功案例"等讨论会，进一步提升街道、社区相关工作人员的业务能力。

1. 对社区工作人员实行分级培训

各街道根据实际情况分级组织包括党建知识、政治理论、专业知识、个案实务、岗位技能及更新知识等内容的培训，确保社区工作人员每人每年集中培训时间累计不少于5天。如区委组织部、区民政局负责对社区书记、主任的拓展培训及新招聘社区工作人员的上岗培训；区属各职能部门负责对各社区工作人员开展各条线的常态业务培训；各街道负责开展本街道全体社区工作人员的综合培训；针对志愿者（义工）队伍进行社会工作知识普及的培训，确保社区工作人员每年轮训一次。

2. 对社区书记、主任进行专项培训

区社区建设领导小组办公室根据社区工作需求，针对社区书记、主任进行专项的能力训练提升，即通过制订培训计划，组织社区书记、主任赴沿海地区党校及清华大学、北京大学、浙江大学等院校进行专项教育培训，赴全国社区建设示范地区进行现场观摩学习，总结不同的社区发展经验，为开福区更好地开展社区工作服务。例如，开福区民政局于2014年4月14—18日组织城市社区书记、主任进行教育实践活动的专项培训；于4月21—25日组织农村片区社区（村）书记、主任进行教育实践活动的专项培训。

开福区在2014年5月组织了社区管理与服务创新专题培训，以集中培训、教授授课为主、案例分析、互动研讨等方式，对社区领导干部进行了一次系统全面的社区知识及业务知识培训。望麓园街道荷花池社区的余主任谈到，通过这次培训学习，自己的理论基础、业务素质等方面有了明显的提高，在今后的工作中将不断理清工作思路、解放思想、全面谋划、深入调查研究、总结出自己的路子，发挥自己的优势，挖掘各方面的潜力，带好队伍，干好工作，不断推进社区治理和服务创新工作的开展。[①]

（三）强化社区工作人员的考前考后培训

人是工作中积极、能动的关键因素。社区工作者作为基层的工作人员，在加快社区工作人员向专业社会工作者转化的同时，加强对持证社工的价值理念、专业理论、实务技能的培训，不断提升他们的能力素质，充分发挥社工人才在社区治理和服务创新中的主力军作用，是社区建设工作的重要任务。开福区通过出台一系列指导文件，从加强培训、考核激励等方面对社区工作人员管理予以规范化，进一步激发他们的积极性、主动性和创造性。

1. 考前培训规范化

根据中共长沙市开福区委组织部、长沙市开福区民政局《关于印发〈开福区社区工作人员管理办法（试行）〉的通知》精神，鼓励、支持有志社区工作的人员参加社会工作者职业水平考试，并作为社区工作人员年度绩效考核的依据之一；同时，尽可能地为其提供时间、经费、学习资料等保障，对获得相应证书的社区工作者给予报销考试费用。从2008年开始，开福区便以规范化的形式组织社区工作人员参加全国社会工作师考试，区社工局每年聘请高校社会工作专业方面的老师，为报名的学员进行免费培训，强化理论知识学习，截至2015年，累计培训人数达1400多人次，其中330名已经通过了全国社会工作师考试，93名获得社会工作师职称，237名获得助理社会工作师职称，社工数量在全省各区县中遥遥领先。

---

① 源自荷花池社区余主任参加"社区管理与服务创新专题培训"的学习心得。

2. 考后培训常态化

区民政局在组织考前培训之余，同时以能力建设为重点，加强对持证社工的价值理念、专业理论、实务技能的训练，强化其专业理论知识的学习，并组织持证社会工作者每年参加不少于三天的实务培训。如2014年组织了近100人在湖南大学进行了封闭式的实训，有效提升了持证社工的专业素养和实务技能。此外，开福区政府还邀请专业领域的教授及专家对已经持证的社会工作者进行相应的实务指导，或选送部分人员到先进地区学习交流，实现理论与实践的契合。例如，邀请培训专家到街道、实践站点进行现场督导和个案督导，通过问题反馈，有效帮助指导开展社会工作实务，解决社区工作者在工作中遇到的问题和困难。

三 社会工作人才发展的制度保障

社会工作人才是现代社会治理与公共服务的重要力量，在解决社会问题、化解社会矛盾、维持社会稳定、促进社会和谐等方面发挥着重要作用。近年来，长沙市开福区积极推进社会工作人才队伍建设，大力探索社工人才的岗位设置、考评机制、工资福利待遇、激励机制等政策措施，推进开福全区社工人才队伍建设的快速发展。

（一）岗位设置

岗位设置是指根据实际工作需要，科学、系统化地进行岗位的合理配置，以满足单位正常工作的需要。为积极探索建立符合社会工作特点的人才选拔使用机制，认真做好社会工作人才队伍建设试点工作，根据《长沙市开福区社会工作岗位设置及人才选拔使用试点工作方案（试行）》，开福区社区工作人员岗位设置实行社区党组织、社区居委会、社区公共服务中心"三位一体"的社区治理构架。提倡社区党组织书记通过民主选举担任居委会主任，并担任公共服务中心主任，城市社区"两委"委员一般不担任公共服务中心职务。

同时，坚持"政府主导、科学合理、效能优先"的原则，以各社区居民需求为导向，率先在民政事业单位中设置社会工作岗位，然后逐步向各街镇、各社区等基层服务单位和机构组织设置社会工作岗位，配备使用社会工作专业人才。在17个街镇各设置了1名专业社工，在101个社区各设置了1名专职社工，在所有公益慈善类组织中设置了1名以上的专长社工。

社会工作人才岗位设置是一项系统的工作，也是一项全新的工作。通过设置社会工作岗位和引进紧缺的社会工作专业人才，构建社会工作人才信息平台，以尽可能少的岗位设置承担尽可能多的工作任务，有利于保证所在单位的总目标、总任务的实现，有利于以最大的效率实现资源的有效配置，从而实现社区减负增效。

（二）评价考核机制

通过制定科学合理的考评指标体系对社会工作者进行评估考核、奖优惩劣，一方面能够准确考核出社区工作人员的工作绩效，确保各项工作不懈怠、不走偏、见实效；另一方面能够充分调动和发挥社会工作人员的积极性，为其工作晋升及发展提供新的出路。

1. 社区工作人员的评价考核

开福区社区工作人员绩效考核根据客观、公正、公平、公开的原则，按照《关于对社区班子及社区工作人员实施绩效考核制度的指导意见》文件要求，由日常考核、年度考核、组织考评、民主测评等环节组成。各街道制定具体的考核办法、考核细则和奖励办法，负责组织实施。

开福区社区工作责任考核指标体系，每年年底由区绩效办牵头，区相关业务主管部门参加对部分社区工作的抽检，依据考核及抽检结果，对相关社区进行奖惩。考核具体细则[①]包括：社区工作人员绩效考核原则上分为优秀、合格、基本合格、不合格四个等次，各街道评定为"优秀""合格"等次的人数原则上分别占社区工作人员总数的20%、70%，其他等次人数占社区工作人员总数的10%。考核结果报区社区建设领导小组办公室备案，绩效考核奖金在财政下拨的社区管理经费中列支，根据考核结果发放。

正确评价社区工作人员的德才表现和工作实绩，通过考核评价和

---

① 社区工作责任考核指标体系详见《开福区社区工作人员管理办法（试行）》。

激励奖惩的方式，充分调动了他们的工作积极性和创造性，激发了社区工作人员的活力，为提高服务质量和服务效能，确保社区各项工作顺利进行，推动社区又好又快发展奠定了良好的基础。

2. 社区工作的评价考核

以2010年社区管理社会化工作实施要点为主线，[①] 开福区按照"客观、公平、公正、公开"的原则，采用听取汇报和实地察看相结合、定量评价和定性评价相结合的方式，着重对社区工作开展情况和区直部门重点项目进展情况进行考核。

考核分为常规工作和特色工作，基本分均为100分。[②] 其中各街镇共占60分，在人才队伍建设方面的考核分布如下：有步骤地实施社区工作者素质提升工程（2分）；鼓励社区工作人员进行职业培训和资格考试（3分）；大力发展社区义工队伍，广泛动员居民参与社区志愿服务活动（3分）等，此外还有特色项目和加分项目。区社区管理社会化工作领导小组办公室将根据考核得分情况排定名次，对综合评定为前三名的街（镇）、前两名的区直部门、先进社区、十佳社会工作者，授予相应的荣誉称号及资金奖励。

通过考核，街道和社区干部可以全面了解社区一年来取得的成绩和存在的不足，对下一年度全面提升社区的社会管理、社会服务、社会救助和居民自治等多项职能，进一步加强社区建设，规范社区管理起到了很好的督促监督作用。

3. 专业社工的评价考核

本着科学、公正、专业化、规范化、社会化的原则，区社工协会采取自查、社工服务单位测评、社工服务对象测评、社工协会综合评分的方式，每年年底对社工进行一次考核，包括社工的专业伦理与自身建设、工作量、工作成效三个内容。考核评估得分90分以上为优秀，70—89分为合格，70分以下不合格，考核资料由区社工协会存

[①] 参见开福区区"两办"下发的《关于2010年社区管理社会化工作的实施要点》。
[②] 考核细则见《开福区社区管理社会化工作考核办法》。

档,考核成绩报区社工局备案。①

在年底社区管理社会化服务考评中,对推动开福区社会工作人才队伍建设发展做出突出贡献的社会工作者(含义工),设10个名额,按2000元/人予以奖励,并授予"十佳社会工作者"称号;此外,还选取优秀社工的典型事迹和服务案例在相关媒体上推介,以示表彰。例如,长沙市社会工作协会为了树立典型、推动社会工作行业发展,决定开展2015年长沙市"十佳社工""优秀社工服务项目"的评选活动。②

做好专业社工的考核评价工作,可以为专业社会工作者提供良好的从业标准和实践规范,从而为打造一支高水平、强素质的社会工作人才队伍提供了有效的激励措施和科学的制度保障。

(三)工资福利待遇

工资福利待遇是指为了保留和激励员工,一些单位采用的非现金形式的报酬,主要包括基本工资、五险一金和其他组成。根据长沙市委组织部、市财政局、市民政局、市人力资源和社会保障局、市住房公积金管理中心《关于规范社区专职工作人员工资福利待遇的意见》和《开福区提高社区专职工作人员工资福利待遇的实施方案》等文件精神,社区专职工作人员工资福利待遇由基础工资、职称工资、绩效奖金、五险一金四部分构成。

其中,这几年社区工作人员基础工资基本没有变,实行正职、副职、一般工作人员(含社区"两保"人员)三档,分别按3182元/月、2890元/月、2744元/月执行。③ 职称工资有所上升,它是在基础工资上对取得国家认可的社会工作师、助理社会工作师职业水平资格证书,并从事社区服务工作的专职人员,分别由2015年之前(包括2015年)200元/月、120元/月增加到2016年的300元/月、200元/

---

① 参见《长沙市开福区社会工作者考核评估办法(试行)》。
② 2015年年底,长沙市民政局社会工作处和长沙市社会工作协会下发《关于开展2015年长沙市"十佳社工""优秀社工服务项目"评选通知》。
③ 《开福区提高社区专职工作人员工资福利待遇的实施方案》的通知。

月，高级社会工作师增加到 500 元/月。绩效考核奖金，根据社区工作人员的绩效考核结果发放，考核结果为"合格"的社区一般工作人员，绩效奖金不低于 500 元/月，副职不低于 700 元/月，社区书记、主任绩效考核奖金不低于 1000 元/月；考核结果为"优秀"的，绩效考核奖金按类别分别上浮 10%，考核结果为"基本合格"的，绩效考核奖金按类别分别下浮 10%，于年底一次性发放。① 此外，各街道（镇）社区专职工作人员按企业参保标准购买基本养老保险、基本医疗保险、失业保险、工伤保险和生育保险费，并缴纳单位需要承担部分的保险费用。从 2015 年 1 月起，开福区政府为社区专职工作人员缴存住房公积金，缴存基数为个人月基础工资，缴存比例为单位和个人各承担 8%，标准为社区正职 255 元/月，社区副职 231 元/月，社区工作人员 220 元/月。②

但是，社工机构工作人员的工资福利待遇与社区专职工作人员也有所区别，整体工资总体比他们高出一点。社工机构工作人员的工资福利待遇不仅拥有社区工作人员的四部分，还包括岗位工资、年终奖金等。例如，新康居家养老服务中心工资福利待遇由基本工资、岗位工资、职称工资、绩效工资、保险福利、年终奖励六部分组成。基础工资与长沙市同类岗位及长沙市职工基本待遇相同，为 1500 元/月。岗位工资根据各岗位有所调整，如行政领导岗 3000—4000 元、部门管理岗 2000—3000 元、专业督导岗 1000—2000 元、项目主任岗 1000—2000 元、专业社工岗 500—1000 元。职称工资包含学历、职称、工龄工资三部分组成，学历、职称每个等级（社工）增加月工资 100 元，本专业工龄每满一年增加月工资 100 元（仅限本机构工龄），外机构的本专业工龄工资为 50 元/年，外机构的其他专业无工龄工资。绩效工资根据所负责项目的评估结论，分为优秀、良好、合格、不合格四等，进行相应表彰奖励；同时鼓励同时积极开展课题研究、项目申报、论文发表、新闻发表等。以本单位作为第一申请单位

---

① 参见《开福区提高社区专职工作人员工资福利待遇的实施方案》。
② 同上。

申请到省部级课题，科研奖励1000元；在正规刊物上公开发表论文1篇奖励300元。此外，新康居家养老服务中心给员工提供五险，包括社保、医保、养老保险、意外保险、生育保险五项，单位和员工按照相应政策落实缴费；生日福利100元。①

工资福利待遇在决定工作满意程度、激发员工的工作动机、增强单位的凝聚力等方面起着重要的作用。合理的薪酬制度不但能有效地激发员工们的积极性、主动性，促使员工奉献其才能，为所在单位目标效力，达至共赢的境界；而且，在人力资源竞争激烈的情况下，能吸引和留住对单位有用的人才，所谓"易求新员工，难得好人才"，而一个具有激励性的薪酬制度要点在于"对内具有公平性，对外具有竞争力"。

（四）激励机制

通过制定科学合理的激励机制对社会工作者进行奖励，注重物质奖励和精神激励相结合，不断完善考核奖惩机制，对社会工作者工作业绩、职业道德、专业水平等进行科学评价，突出能力和业绩为主导，重在社会、群众认可，大力倡导敬业精神，依靠事业凝聚人心。对做出贡献的社会工作者，给予必要的荣誉称号。同时加大宣传力度，重点宣传优秀社会工作者及其先进事迹，使社会工作者能够体会到得到社会承认和尊重的成就感与荣誉感。

开福区政府按照《关于印发〈10年长沙市开福区社会工作岗位设置及人才选拔使用试点工作方案（试行）〉的通知》文件要求，建立健全社会工作专业人才考核奖励机制。第一，研究制定社会工作岗位职责规范和考核评估标准，建立以岗位职责规范为基础，以品德、能力、业绩为导向，科学化、社会化的社会工作专业人才评价机制。第二，完善民主评议，扩大公众参与，把群众意见作为社会工作专业人才考核评价的重要尺度；开展社会工作领军人才、优秀社工、优秀社工案例评选，将符合条件的社会工作专业人才纳入具有突出贡献的优秀专家选拔管理范畴。第三，完善社会工作专业人才薪酬保障

---

① 参见新康养老服务中心的工资福利待遇方案。

制度，在事业单位工作的社会工作专业人才，以聘任为依据，执行相应级别专业技术岗位工资标准；在城乡社区、公益慈善类社会组织、民办非企业单位工作的社会工作专业人才，由开福区参照薪酬指导标准合理确定薪酬水平，办理社会保险事宜。

此外，对优秀社会工作专业人才以及在社会工作专业人才队伍建设中做出突出贡献的机构、单位，按照《开福区社区管理社会化扶持奖励办法》的有关规定给予表彰和奖励。例如，开福区社区管理社会化工作领导小组办公室将根据绩效考核得分情况排定名次，并在全区范围内通报。对综合评定为前三名的街（镇）及前两名的区直部门，授予年度"社区社会化管理优胜单位"称号，并分别给予获奖街（镇）5万元、3万元和2万元的优质管理服务奖，给予获奖区直部门4万元、3万元的优质管理服务奖。① 各单位根据工作开展情况向区社区管理社会化工作领导小组办公室分别推荐先进社区2个、先进社会工作者3名、优秀社会组织（包括群众社团）2个，由区社区管理社会化工作领导小组最后审查考核，评选出"十佳先进社区""十佳社会工作者"和"五佳突出贡献社会组织"，并分别按20000元/个、2000元/人、50000元/个的标准予以奖励。每年在各街道绩效考核评定为"优秀"等次的社区书记（主任）和社区其他工作人员中，评选20名"优秀社区书记（主任）"和40名"优秀社区工作人员"，一次性分别给予3000元和2000元的奖励。②

同时，按照6:3:1的比例设立了初、中、高三个等级的社工人才职业序列，配套相应的工资待遇，通过助理社会工作师考试的一次性奖励800元；通过社会工作师的一次性奖励1200元。③

开福区建立完善社会工作专业人才激励机制，有利于激发他们的工作热情和创造活力，提高了他们工作的积极性。良好的激励机制给员工创造了良好的追求上进的氛围，也能够为其晋升提供支持和保

---

① 参见《开福区社区管理社会化工作考核办法》。
② 同上。
③ 同上。

障。于是，为了获得荣誉感和成就感，全区员工会努力工作，以求以更快的速度和更好的质量得到奖励和晋升，这样使他们的使命感增强，从而延缓了他们工作流动的行为，降低了工作流动的概率，实现工作人才的零缺失。

第三章　社会工作人才队伍发展与社区治理结构创新

随着开福区社会工作人才建设不断推进，一支专业化、职业化、年轻化、知识化的社会工作人才队伍初步形成，社区居委会、社区社会组织、专业社会组织、社会工作机构的内部治理结构、服务理念和服务方式等方面都有了很大的变化。通过机制嵌入与资源输入，社会组织之间、居委会与社会组织之间等各大组织间的关系得到了优化，构建了良性互动的合作机制，这不但促进了各组织自身的发展，也进一步创新了社区治理机构，提升了社区治理效益。

第一节　组织自身的发展变化

开福区在不断深化社区治理中，社区居民委员会、社区社会组织、专业社会组织、社会工作机构和社会服务组织联合会等组织在组织内部结构、治理理念、服务方式等方面都有了很大的发展和变化。

一　社区社工推动社区社会组织快速发展

社区社会组织作为以满足社区居民多元需求的非营利性社会组织形态，不仅承担着大量的服务功能，还对社区公共性和价值共同体的建构具有重要作用。社区社工作为居委会的主要组成部分，具有天然的资源禀赋和整合能力，对社区社会组织的产生、发展和变化起着重要作用，推动社区社会组织快速发展。

（一）关于发展社区社会组织的政策

为推动开福区社会组织健康发展，充分发挥社会组织在加强和创新社会管理中的积极作用，依据国务院《社会团体登记管理条例》和《民办非企业单位登记管理暂行条例》《湖南省民政厅关于加强和创新社区社会组织发展工作的意见》及相关法律、法规和文件规定，贯彻落实《中共长沙市委办公厅长沙市人民政府办公厅关于印发〈长沙市社区党建和社区建设三年行动计划（2015—2017年）〉的通知》的文件精神，开福区相继出台了《开福区社会组织培育发展与监督管理办（试行）》《开福区推进全国社区治理和服务创新实验区建设实施方案》和发《关于进一步加强社区建设的意见》等相关文件，从各项方面支持和鼓励社区社会组织的发展。

具体措施如下：(1) 建立健全社会组织管理的体制机制。包括简化登记手续、完善注册办法；依托社会力量发展社会组织；建立行业管理服务体制。如以区民政局为依托，成立开福区社会服务组织联合会。(2) 优化社会组织发展的政策环境。例如放宽登记条件、推进政府购买服务、实施优质服务奖励以及支持和鼓励社会组织依法开展有偿服务。(3) 加强对社会组织的监督管理。主要是加强社区党建工作，完善法人治理机构，建立评估机制、奖惩机制和优胜劣汰的退出机制。(4) 政府及相关单位对社区社会组织建设提供资金支持。如2014年，在社会组织体系建设上，民政局、社工局及相关街镇共拨款420万元。此外，政府还另拨款100万元成立开福区公益创投项目基金会，为社会组织公益项目建设搭建平台。

（二）社区社会组织逐年增加

根据年度数据统计，开福区2012—2015年社区社会组织发展情况为：2012年社区社会组织542个；2013年，社区社会组织585个；2014年，社区社会组织605个；2015年，社区社会组织631个（见图3-1）。

2013年社区社会组织数量增长率为7%，2014年增长率为3.5%，2015年增长率为4.3%。社区社会组织数量增长率在2013年较高，而在2014年则有所放缓，到2015年又有所回升。总体而言，开福区2012—2015年社区社会组织数量总体递增，社区社会组织的数量呈平稳上升趋势。

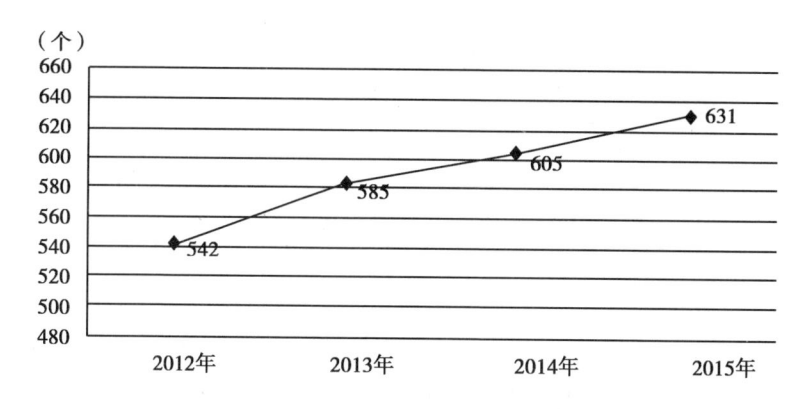

图 3-1 开福区社区社会组织年度统计

根据类型数据统计，开福区 2012—2015 年社区社会组织发展情况为：2012 年，"治理类组织" 287 个，"互助类组织" 52 个，"志愿类组织" 96 个，"兴趣类组织" 107 个；2013 年，"治理类组织" 320 个，"互助类组织" 52 个，"志愿类组织" 98 个，"公益类组织" 52 个，"兴趣类组织" 115 个；2014 年，"治理类组织" 326 个，"互助类组织" 54 个，"志愿类组织" 102 个，"兴趣类组织" 123 个；2015 年，"治理类组织" 333 个，"互助类组织" 56 个，"志愿类组织" 104 个，"兴趣类组织" 138 个。综上所述，截至 2015 年，开福区社区社会组织共计 631 个，其中"治理类社会组织" 333 个，"互助类社会组织" 56 个，"志愿类社会组织" 104 个，"兴趣类社会组织" 138 个。

根据图 3-2，得出分析情况如下：（1）社区社会组织数目逐年递增；（2）治理类社区社会组织数量最多，且增长率最明显；（3）互助类社区社会组织数量最少，且增长缓慢；（4）兴趣类和志愿类社区社会组织所占比重较为均衡，其中每年志愿类组织约占总数量的 18%，兴趣类组织约占 20%。

二 机构社工促进社会工作机构的快速发展

机构社工是社会工作人才的组成部分，是有效整合社会工作服务资源和开展社会工作专业服务的不可或缺的主体力量之一。机构社会

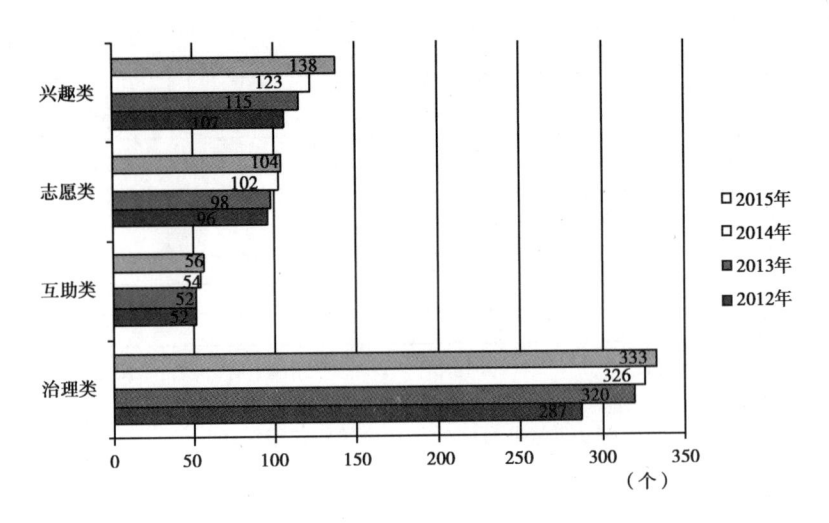

类别	2012年	2013年	2014年	2015年
兴趣类	107	115	123	138
志愿类	96	98	102	104
互助类	52	52	54	56
治理类	287	320	326	333

图 3-2 2012—2015 年开福区社区组织情况

工作人才坚持"助人自助"宗旨，遵循社会工作专业伦理规范，综合运用社会工作专业知识、方法和技能，在促进社会工作机构发展过程中发挥着重要作用。

社会工作机构[①]（社工机构）是专业社会工作人员发挥积极作用的重要平台，也是提供社会专业服务的重要载体，它具有专业性、非营利性、公益性和助人性等特征。在我国，社会工作机构的运行机制一般是以政府购买其服务为主，通过提高其专业化、精准化服务来促进社区建设，提升社区服务质量。社会工作机构作为社会组织的重要组成部分，它是促进政府转变职能，参与社区良性治理与服务创新，强化社会工作及其人才队伍，协同社区社会资本和资源有效衔接，预防和解决基层社会各种矛盾及问题的重要平台和重要载体。

（一）关于社会工作机构发展的政策举措

党的十八届三中全会明确提出了要创新社会治理，增强社会发展动力，提高社会治理水平，激发社会组织活力。开福区为进一步推动

---

① 根据《民政部关于促进民办社会工作机构发展的通知》将其定义为"以社会工作者为主体，坚持'助人自助'宗旨，遵循社会工作专业伦理规范，综合运用社会工作专业知识、方法和技能，开展困难救助、矛盾调处、权益维护、心理疏导、行为矫治、关系调适等服务工作的民办非企业单位"。

社区治理与服务创新，完善社区治理结构，创新社区治理机制，加快开福区本土社会工作机构的培育和外部社会工作机构的引进，从自身实际出发相继出台《开福区社会组织培育发展与监督管理办（试行）》《关于在全区全面开展社区社会组织建设工作的实施方案》《关于进一步加强社区建设的意见》等文件，为全区社会工作机构的培育与发展创造了良好条件。具体措施包括：

第一，深化宣传，提升综合影响力。强化舆论宣传，《湖南日报》、《长沙晚报》、《三湘都市报》、红网、凤凰网、湖南电台新闻频道、都市频道等众多省、市级新闻媒体网站先后对社区社会组织进行各方面报道，大大提升了公众知晓率和影响度，吸引社会广泛关注，为社会工作机构的发展开拓了更为广阔的社会环境。

第二，简化登记手续，放宽登记条件。开福区规定属民办非企业单位性质且符合注册登记条件的，其注册资金由规定的最低 5 万元降低为 0.5 万元；属社会团体性质的，注册资金由规定的最低 3 万元降低为 0.3 万元，社会团体由规定的有 50 人以上的个人会员或 30 个以上的单位会员（个人单位混合组成的，会员数量不得少于 30 个）降低为有 30 人以上的个人会员或 10 个以上的单位会员（个人单位混合组成的，会员数量不得少于 10 个）；凡在开福区注册登记的社会组织，免收其成立、变更登记公告费；对因归并、重组申请注销的社会组织，免收其注销登记。[①]

第三，建立政府购买社工机构服务机制。开福区每年安排专项资金用于扶持社工机构发展、购买社工机构服务，按照定向委托或招标等形式向社会工作机构购买服务，如每年 100 万元购买众仁社工服务中心专业服务，给予其场地租金全免，由该社会工作机构免费为区内望麓园街道的拆迁户、高龄家庭、失独家庭、留守儿童、外来务工人员、社区矫正人员，以及对四方坪街道国防科大附中的青少年学生、残障家庭提供专业化、个性化服务；80 万元购买开福区社区助理服务中心（一点通）服务，为全区 90 岁以上老人、70 岁以上的低保老

---

① 参见《开福区社会组织培育发展与监督管理办法（试行）》。

人及二级以上残疾人提供救助服务；20万元购买开福区德馨社会工作服务中心专业服务，对矫正对象进行心理辅导、教育培训。

第四，健全社会工作机构评估制度。政府购买社会救助服务项目执行初期、中期，邀请主管部门、职能部门、相关街道、社区等多方负责人和社会工作专家进行讨论和测评；每年年底委托第三方进行评估，从2012年起每年安排10万元，委托第三方对全区社区公共服务项目及社会组织服务项目进行了评估，评估结果作为政府扶持和购买的重要依据。从2014年起采用"5+1"指标（组织基础、人力资源管理、服务成效、服务管理、财务管理，附加创新指标）对社会工作机构进行评估考核。[①]

（二）社会工作机构数量逐年增加

通过深化宣传，提升综合影响力，简化登记手续，放宽登记条件，实施政府购买社工机构服务机制，建立社会工作机构评估制度等举措，社会工作机构发展呈现出数量增加、质量提升、空间拓展的良好态势。

根据数据统计，开福区2011—2015年社会工作机构发展情况为：2011年社会工作机构为9家，2012年社会工作机构为15家，2013年社会工作机构为18家，2014年社会工作机构为22家，2015年社会工作机构25家；实验区申报前（2011—2012年）有社会工作机构15家，试验区申报后（2013—2015年）社会工作机构发展到25家。

根据图3-3按年度划分，2012年社会工作机构增长率为67%，2013年社会工作机构增长率为20%，2014年社会工作机构增长率为22%，2015年社会工作机构增长率为14%；按试验区申报前后两个阶段划分，试验区申报后（2013—2015年）相比较试验区申报前（2011—2012年）增长率为67%。总体而言，开福区社会工作机构总体数量不断增加，呈现逐年递增的良好发展态势。

（三）机构社工拓展了社会工作机构的服务功能

机构社会工作人才具有工作专业性、专一性等特点，在促进社工

[①] 参见《关于开展2014年度开福区社会组织评估的通知》。

图 3-3　开福区社会工作结构统计

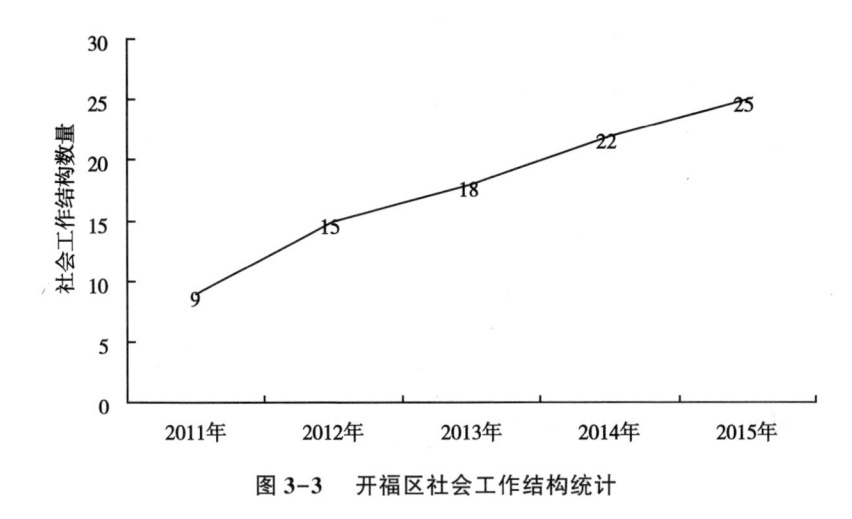

机构服务功能拓展过程发挥着重要作用。通过近几年的发展，机构社工在推进社会工作机构数量不断发展壮大的同时始终注重社会工作机构能力建设，不断强化其服务功能的发挥，为社区提供个性化与多样化的服务内容，形成了多元化、专业化的社会工作机构服务格局。

表 3-1　　开福区社会工作机构业务范围一览

序号	名称	业务范围	类别
1	长沙市开福区社区助理服务中心（一点通）	1. 承接政府购买服务和政府相关部门职能转移、授权、委托的社会工作服务项目； 2. 利用信息服务平台，收集汇总相关公众信息，为有关部提供决策的参考建议和反映民意； 3. 居家助理服务、商品代购及相关的中介服务； 4. 为老人、残疾人、社区居民及单位提供相关的社会工作服务、职业培训和会务工作； 5. 组织、管理、培训义工开展相应社会活动	综合类
2	长沙市开福区众仁社会工作服务中心	1. 通过对个人、家庭、社区、企事业单位进行社工服务； 2. 预防及解决问题、促进社会公平、公正，为构建和谐社会贡献力量； 3. 承接政府职能转移、授权、委托事项和购买服务项目； 4. 开展行业规划、行业课题研究、社工培训	综合类

续表

序号	名称	业务范围	类别
3	长沙市开福区创乐福家庭综合服务中心	居家养老服务、助残服务、家政服务、捐赠服务、社工服务	综合类
4	长沙市开福区助乐志愿服务中心	助残敬老、文化教育、环境保护、支教助学、义卖义演、扶贫帮困、疾病救助	综合类
5	长沙市开福区新辉社会工作服务中心	1. 服务弱势群体； 2. 开展社会工作服务； 3. 社工人才培训； 4. 接受政府、企业委托，承接社会服务项目	综合类
6	长沙市开福区梦想家园社会工作服务中心	为弱势群体开展困难救助、矛盾调处、权益维护、心理疏导、行为矫治、关系调适、康复服务、就业服务	综合类
7	长沙市开福区鑫晨妇女儿童公益发展中心	关心妇女儿童发展、爱心传递、公益助农、帮扶济困	综合类
8	长沙市开福区怡智家园智障人士服务中心	为智障人士提供就业支持、家居技能、康乐活动、社区化模式的托养	专业类
9	长沙市开福区爱希会（ICC）残疾儿童服务中心	专门为年龄0—14岁残疾儿童家庭提供咨询辅导、康复治疗、特殊教育、职业培训和贫困援助等专业服务	专业类
10	长沙市开福区彭家巷银龄家园	居家养老，养老院养老服务，生活照料，老年人社会工作，老年人公益活动及信息传播服务	专业类
11	长沙市开福区德馨社会工作服务中心	1. 组织爱心人士参加乡村公益活动； 2. 组织爱心人士深入社区公益活动； 3. 组织志愿者参加志愿者活动和培训； 4. 接受团队和个人捐赠并按捐赠人意愿实施捐赠服务； 5. 组织或者实施其他公益活动	专业类
12	长沙市开福区沙坪老年公寓	为老年朋友提供良好的养老栖息场所	专业类
13	长沙市开福区博爱风亭家园	智力残疾人认知能力培训、心理咨询辅导、文化培训补充	专业类
14	长沙市开福区通泰街怡智家园残疾人服务中心	为残疾人及其家庭提供就业支持、家居技能、康乐活动、社区化模式的托养	专业类
15	长沙市开福区星苑儿童康复中心	专门为年龄2—8岁孤独症、智力落后、精神障碍、情绪障碍、学习障碍等儿童进行康复训练	专业类

续表

序号	名　称	业务范围	类别
16	长沙市开福区怡馨家园	为本区精神病康复者提供职业培训、心理疏导、行为矫正、辅导教育和社交就业支持	专业类
17	长沙市开福区希望新居民子女关爱服务中心	特困新居民子女扶助、志愿者工作站、新居民及子女俱乐部、新居民及子女文化服务	专业类
18	长沙市开福区义仓公益推广中心	1. 组织爱心人士参加乡村公益活动； 2. 组织爱心人士深入社区公益活动； 3. 组织志愿者参加志愿者活动和培训； 4. 接受团队和个人捐赠并按捐赠人意愿实施捐赠服务； 5. 组织或者实施其他公益活动	专业类
19	长沙市开福区晴天残疾人职业能力评估中心	1. 为就业年龄段内的残疾人士及其家庭提供就业支持、职业能力评估； 2. 为切实改善成年残障人士及其家庭生活质量，开拓庇护性工场的模式开展支持性就业； 3. 为残障人士提供职业技能培训	专业类
20	沙市开福区新中新儿童发展中心	1. 社区儿童能力、智力和素质综合发展； 2. 社区公益教育活动开展； 3. 社区心灵驿站服务； 4. 社区儿童之家建立； 5. 社区幸福家长公益大讲堂的推广	专业类
21	长沙市开福区新翼晨光心理服务中心	1. 心理健康咨询、康复、培训； 2. 心理健康学术研究、交流； 3. 心理创伤援助； 4. 心理咨询中心建设推广； 5. 社区儿童青少年能力、智力和素质综合发展	专业类
22	长沙市开福区公众危机援助中心	1. 公众家庭危机知识培训、咨询、援助、维权； 2. 弱势群体自我保护知识培、援助、维权； 3. 心态扭曲人员心理干预； 4. 社会公众危机事件预防、干预与援助等	专业类
23	长沙市开福区华声96258公益服务中心	1. 接受爱心人士与企业公益筹集的物资； 2. 开展对老弱病残等弱势群体的公益救助与关怀； 3. 开办微公益、热线服务； 4. 协助政府开展公益活动； 5. 加强与公益事业人士、团体的合作往来	专业类
24	长沙开福当代社会研究中心	开展社会科学领域的调查研究，促进研究成果的应用与转化	专业类

续表

序号	名　称	业务范围	类别
25	长沙市开福区快乐公益事业发展中心	1. 接受爱心人士及爱心企业的公益捐赠； 2. 开展助孤助困等公益性救助活动； 3. 进行志愿者招募培训； 4. 协助政府部门发展公益事业； 5. 加强公益热心人士和团队的合作往来	专业类

根据表3-1数据统计，综合类社会工作机构有7家，占全区社会工作机构的32%；专业类社会工作机构有18家，占全区社会工作机构的68%。可见，其中专业类社会工作机构较多，但总体上开福区社会工作机构发展呈现综合发展和专业发展相结合的发展态势。

1. 机构社工拓展了综合类社会工作机构的服务功能

综合类社工机构是指服务领域多元和业务范围广泛的社工机构。开福区目前有7家综合类社会工作机构，其业务范围主要包括：承接政府购买服务和政府相关部门职能转移、授权、委托的社会工作服务项目；利用信息服务平台，收集汇总相关公众信息，为有关部门提供决策的参考建议和反映民意；居家助理服务、商品代购及相关的中介服务；开展困难救助、矛盾调处、权益维护、心理疏导、行为矫治、关系调适、康复服务、就业服务；开展行业规划、行业课题研究、社工培训；组织、管理、培训义工开展相应社会活动等。

以众仁社会工作服务中心为例，说明综合类社会工作机构服务功能的发挥情况。长沙开福区众仁社会工作服务中心成立于2011年7月，在开福区区委、区政府及相关部门大力支持和培育下成立，开福区每年向其购买专业服务。机构运用专业的社会工作方法和理念，建立个案工作、小组工作和社区工作案例集，开展包括家庭服务、残疾人服务、青少年服务、养老服务、妇女服务和外来务工人员等综合性服务。据统计，2014年众仁社会工作服务中心为辖区居民提供了289个特殊个案服务，41个小组服务，小组服务人次达到1752人次，组织社区活动96场，农民工子女学习辅导课堂280场，人数达200多人，服务总人数16370余人次。

2. 机构社工拓展了专业类社会工作机构的服务功能

专业类社工机构是指服务领域较为单一，更多地专注于某一类业务范围的社工机构。开福区目前有15家综合类社会工作机构，其业务范围主要包括：一是专门从事公益服务，如华声96258公益服务中心和快乐公益事业发展中心；二是专门从事科研调研服务，如当代社会研究中心；三是专门从事养老服务，如彭家巷银龄家园和沙坪老年公寓；四是专门从事青少年服务，如新中新儿童发展中心和爱希会（ICC）残疾儿童服务中心；五是专门从事残疾人服务，如怡智家园和晴天残疾人职业能力评估中心；六是专门从事新居民[①]融入服务，如希望新居民子女关爱服务中心；七是专门从事心理咨询服务，如新翼晨光心理服务中心；八是专门从事公共危机援助服务，如公众危机援助中心。

以长沙市开福区爱希会（ICC）残疾儿童服务中心为例，说明专业类社会工作机构服务功能的发挥情况。爱希会（ICC）残疾儿童服务中心是国际关心中国慈善协会和长沙市雨花怡智家园共同成立的合作项目，专门为年龄0—14岁残疾儿童家庭提供咨询辅导、康复治疗、特殊教育、职业培训和贫困援助等专业服务，为更多的残疾儿童以及有需要的人士带来"爱、希望、机会"。据统计，截至2015年，该机构服务个案总数为101人，为每个个案建立个人档案、及时记录和跟进各种服务；2015年开展"家庭慰问""孩子护理""残疾人日"和"家长支持小组"系列活动16次，参加活动总人数为760人；机构系列活动开展过程中链接开福区18家爱心助残机构参与，参加总人数是358人。

总体而言，在服务领域方面，社会工作机构的业务范围涉及困难救助、矛盾调处、权益维护、心理疏导、行为矫治、关系调适等多个领域；在服务模式方面，形成了专业服务和综合服务相互补充的社区服务模式。

---

① 新居民指外来务工人员和其他外来流动人员。

（三）机构社工扩充了社会工作机构的服务资源

机构社会工作人才不仅仅具有专业性、专一性的特点，还具有链接资源的特点，在促进社工机构资源链接过程中发挥着重要作用。

资源链接是指组织或个人为了自身的利益通过某种策略争取外部资源，以求得自身的发展和壮大的过程。社会工作机构资源链接是指社会工作机构利用自身的优势，通过创新、宣传、沟通等策略主动争取政府和社会资源的过程。社会工作机构是社会组织的重要构成部分，然而要发挥社会工作机构的功能，为社区提供有效的服务，必须有足够的资源为基础。资源链接能力的强弱、资源链接的丰富程度，直接关系到社会工作机构的发展和服务功能的发挥。

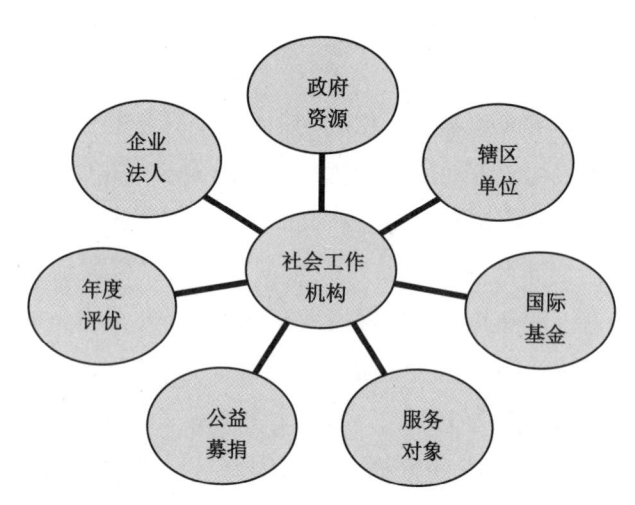

图 3-4　社会工作机构资源链接结构模型

从图 3-4 可以看出，开福区社会工作机构资源链接方式主要包括七大类：

第一，政府资源链接，通过政府购买服务方式与政府建立合作关系，以委托或投标的形式获得政治性资源。如开福区众仁社会工作服务中心每年获得政府购买服务资金 100 万元，开福区社区助理服务中心（一点通）获得政府购买服务资金 80 万元，开福区德馨社会工作服务中心获得政府购买资金 20 万元。

第二，辖区单位资源链接，通过与机构所在社区的辖区单位建立互动关系，充分发掘辖区单位资源（文物局、博物馆、银行、学校、医院等）。如开福区快乐公益事业发展中心招募志愿者时主要由高校、医院提供志愿者资源；长沙市开福区新中新儿童发展中心开展科普活动时由湖南省文物局、博物馆等提供服务活动场地。

第三，国际基金资源链接，通过与国际基金会建立伙伴关系引进国际资本。如开福区爱希会（ICC）残疾儿童服务中心由国际关心中国慈善协会主导成立，每年从该协会获取一定数额的机构运行经费和项目服务经费。

第四，企业法人资源链接，通过链接企业、公司法人获得服务项目赞助经费或支持基金。如李嘉诚慈善基金赞助开福区众仁社会工作服务中心10万元慈善基金，用于开展社区青少年教育。

第五，公益捐赠资源链接，通过争取社会个人慈善捐助，促成爱心人士直接向社工机构捐助公益物品和资金。如长沙市开福区华声96258公益服务中心接受爱心人士与企业公益筹集的物资，用于老人、残疾人和疾病者等弱势群体开展公益救助与关怀。

第六，通过市区级年度社会组织评优，以奖代投的形式获得奖励经费。如以2010年开福区社会工作考核办法为例，获得全区"十佳社会工作者"和"五佳突出贡献社会组织"分别以2000元/人、50000元/个的标准予以奖励，奖金大部分用于社会工作机构的日常运营和服务项目。

第七，建立服务反馈机制，对服务对象或者受众群体的接受服务反馈意见和评价建立信息数据库，进行建档分析、案主跟踪和服务再造，从而提升社工机构的服务质量和公信力。

总体而言，开福区社会工作机构资源链接方式较为多样化，从而能够保障其资源存量的丰富性，有利于其有效地为服务对象提供优质的服务，有利于其在社会治理创新中发挥更加重要的作用。

三 社工人才促进了社会服务组织联合会的发展

（一）社工人才促进社会组织服务联合会内部治理结构逐渐完善

长沙市开福区社会服务组织联合会（简称社服联）成立于2012

年 10 月 31 日，是由社会组织发起成立并管理的非营利社会团体法人及其社会机构，以"规范和提升社会组织服务、加强和创新社会管理水平"为目标，以"为社会组织服务、为政府服务、为社会服务"为服务宗旨。查阅社会服务组织联合会的发展脉络，其发展过程大致分为社会服务组织联合会自身建构时期、社会服务组织联合会服务功能初步时期、社会服务组织联合会服务功能全面发挥时期三个阶段。

（二）社会组织服务联合会内部治理结构

开福区社会服务组织联合会在社区建设中发挥着重要作用，其以"规范和提升社会组织服务、加强和创新社会管理水平"为目标。社会组织服务联合会致力于建构和完善自身内部治理结构，以在全区社区治理创新和服务中发挥积极作用。

1. 社会服务组织联合的职能定位

机构职能是指其运行过程中所起的作用，一般包括机构所承担的职权、功能等内容。社会组织联合会自 2012 年 8 月筹备注册成功后，对开福区 800 家社会组织进行摸底调查，根据调查结果进行细化分析，对机构自身进行职能规制。社服联的主要职能包括：搭建社会组织服务平台；搭建社会组织和政府之间的沟通桥梁；开展开福区社会组织交流活动；建立健全信息工作机制；开展对开福区社会组织发展状况的基础调查。

2. 社会服务组织联合的理事会成员单位

社会服务组织联合会为了实现充分协商、征求意见和讨论问题，推动机构日常工作顺利进行和服务功能的有效发挥，积极组建理事会成员单位。2012 年 9 月，社服联在走访大量社会组织，并在拜访相关职能部门的基础上，经选举、任命开福区社会工作机构和社区社会组织作为社服联理事会成员单位，具体来源于两个方面：一是社会工作机构；二是社区社会组织（见表 3-2）。

表 3-2　　　　　社会服务组织联合会理事成员单位一览

序号	来源	理事会成员单位名称
1	社会工作机构	长沙市开福区社会管理创新孵化园
2		长沙市开福区新康养老服务中心
3		长沙市开福区众仁社会工作中心
4		长沙市开福区博爱凤亭家园
5		长沙市开福区创乐福家庭综合服务中心
6		长沙市开福区彭家巷银龄家园
7		长沙市开福区社区助理服务中心
8		沙市开福区德馨社会工作服务中心
9	社区社会组织	荷花池社区荷花艺术团
10		王家垅社区麻将自律协会
11		浏河村社区浏河书社

理事会成员单位的职权包括：筹备召开会员代表大会；执行会员代表大会的决议；向会员代表大会报告工作和财务状况；决定会员代表大会闭会期间本会副会长、监事长、副监事长、秘书长和常务理事、理事、监事的继任和增补；决定会员的吸收或除名；决定设立办事机构、分支机构、代表机构；决定副秘书长、各机构主要负责人的聘任；领导本会各机构开展工作；制定内部管理制度；决定其他重大事项。

3. 社会服务组织联合会的组织架构

社会服务组织联合会在明确自身职能定位（服务内容）的前提下，对接自身的权责范围，制定出"服务清单"，并以"清单"为依据，进行组织机构的设定和岗位编制设置（见图3-5）。

理事会会长：负责对开福区社会服务组织联合会的监管，财务的监督，制定组织的发展战略，并确保得到很好的落实；理事会对利益相关方，尤其是组织为之服务的对象负责；设置召集人，负责在需要的时候召集成员进行沟通。

顾问、督导：为开福区社会服务组织联合会的发展规划、项目策划、内部培训、督导评估提供知识和技术咨询。

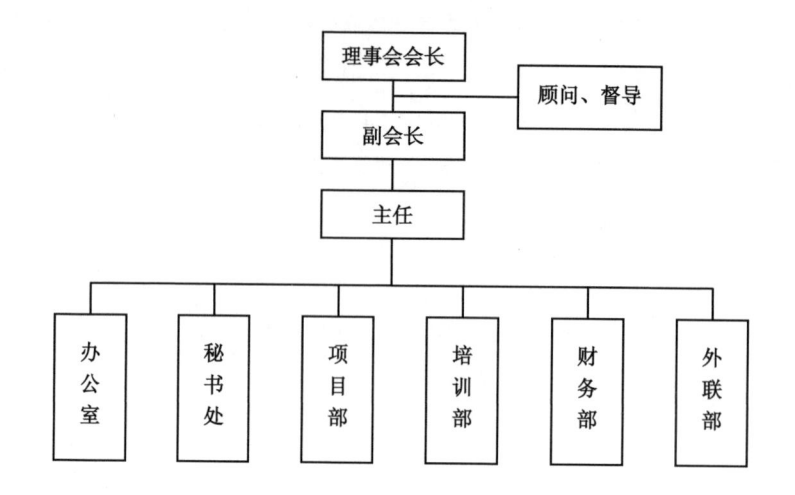

```
                    ┌──────────┐
                    │ 理事会会长 │──────┐
                    └──────────┘      │
                          │      ┌─────────┐
                    ┌──────────┐ │顾问、督导│
                    │  副会长  │ └─────────┘
                    └──────────┘
                          │
                    ┌──────────┐
                    │   主任   │
                    └──────────┘
                          │
    ┌────┬────┬────┼────┬────┬────┐
  办公室 秘书处 项目部 培训部 财务部 外联部
```

图 3-5　开福区社会服务组织联合会组织架构

副会长：负责协助会长工作，统筹各职能机构工作。

主任：负责具体管理、统筹社会组织的项目、财务、行政、资源开发、对外联络、宣传推广以及人力资源开发等，负责带领团队实现组织的战略规划。

办公室：供全职员工办公，存放组织资料，搭建信息及志愿者交流平台。

秘书处：负责人员的招募、评估、考核、培训、假期审批、辞退等。

项目部：负责机构各种长期项目的策划与实施。

培训部：负责组织社会组织、社工人才和志愿者培训。

财务部：负责组织相关财务状况的记录和把握，包括预算、记账、提供报表等会计资料，对货币资金的收支。

外联部：负责组织对外宣传、推广；编辑出版简报；进行网站管理。

（三）社会服务组织联合会服务功能的拓展

在社会服务组织联合会成立以前，社会组织的管理与服务工作由政府机构承担，如针对开福区社会组织开展培训、组织评估和资源链接等职能主要由政府机构承接。社会组织的发展壮大是一项宏大的工程，政府机构在对社会组织进行管理和服务过程中往往面临"力不从心"的困境，导致社会组织发展的社会化进程较为缓慢，限制了社会组织服务功能的发挥和阻碍了社区治理与服务创新。基于政府机构在推动全区社会组织发展的现实，开福区成立社会服务组织联合会承接管理和服务社会组织的职能，促进政府职能转变，专注于社会组织的发展。由此，社会服务组织联合会针对开福区社会组织进行有效管理和开展优质服务，积极履行自身职能，形成了一些特色鲜明、作用明显、影响较大的服务内容。

1. 社服联社工积极开展培训

社会服务组织联合会通过对社会组织进行需求调查制定培训课程，坚持授课内容切合实际、满足需求；授课老师在邀请长沙本地高校老师的基础上，不断挖掘开福区和其他市区社会组织的优秀讲师，做到讲师队伍多元化和优质化。社服联积极履行培训职能，培训对象包括全区社会组织、社会工作人才和广大志愿者。据统计，社会服务组织联合会在2014年和2015年内，针对社会组织、社工人才和志愿者开展主题培训14场，累计培训时间15天，培训授课讲师10人，参与培训人数527人。

一是对社会组织进行培训。主要是加强社会组织自身能力建设和提升内部管理，促进社会组织可持续发展，如开展了"社会组织公益培训第一期——档案管理培训""非营利组织财务管理实务工作坊培训""'秣马厉兵成竹在胸'——关于社区组织规范培训""项目开发与管理培训"等。

二是对社工人才进行培训。培训内容主要涉及领导力、人力资源管理、社会组织筹资与管理、项目管理与开发、财务管理、沙龙等，旨在加强社会工作人才专业导训、能力培训与思想强化，增强其提供社会工作服务的水平和能力，提升社会工作人才自身素质，如开展了"'我的团队我领导'领导力培训课程"和"以'优化管理，提升品质'为主题的社会组织中层骨干培训"等。

三是对志愿者进行培训。主要是培养"奉献、友爱、互助、进步"的志愿者精神，增进志愿者团队意识和服务意识，组织开展系列性社会实践志愿服务,如开展了"'塑造优秀志愿者团队,打造一流的志愿服务'的志愿者管理公益培训""'幸福人生 智慧之旅'——如何做一名幸福的公益人培训"等。

2. 社服联社工积极组织评估

社会服务组织联合会积极履行评估职能,对开福区社区社会组织和社会工作机构所开发的服务项目进行全方位评估,推动了政府购买社会组织服务项目规范化运行,提升了全区社会组织的综合发展水平。

社会服务组织联合会实施"第三方开展评估"制度,旨在全面检验开福区社区社会组织和社会工作机构的运作情况及服务成效,客观评价财政资金使用效益,规范组织运作,指引发展方向,以提升服务质量及居民自治水平。社服联根据开福区社区社会组织和社会工作机构的实际情况,为全面了解全区社会组织的发展情况,为政府汇集决策出台了《长沙市开福区社会服务组织联合会评估委员会评估实施办法》等文件,为全区社区社会组织和社会工作机构的评估与监督奠定了技术基础。

经过3年多的发展,社服联初步形成了一套公正、公开与公平的评估原则,评估程序严格有序,评估步骤清晰明了,评估方式科学合理,评估组成成员结构合理,评估纪律客观公正,评估指标内容翔实的评估体系。受区民政局委托,社服联先后3次全程规划、组织和参与对全区社会组织的科学评估与监督。据统计,2014年社服联对开福区20家社会工作机构,269家社区社会组织,10余家注册文艺团进行社会组织发展水平评估(见表3-3)。[①]

表3-3　　开福区2014年社会工作机构评估结果一览

序号	组织名称	组织基础 (20分)	人力资源 (15分)	服务成效 (30分)	服务管理 (25分)	财务管理 (10分)	附加项 (5分)	总计
1	开福区爱希会残疾儿童服务中心	18	13	27.5	22	8.5	4	93

① 参见开福区社会服务组织联合会调研资料,2016年1月。

续表

序号	组织名称	组织基础（20分）	人力资源（15分）	服务成效（30分）	服务管理（25分）	财务管理（10分）	附加项（5分）	总计
2	开福区博爱凤亭家园	17.5	11.5	30	22	7	3	91
3	开福区怡馨家园	17.5	12.5	28	21	8	2.5	89.5
4	开福区快乐公益事业发展中心	15	10	30	21	8	4	88
5	开福区创乐福家庭服务中心	17.5	12	27	21.5	7	3	88
6	开福区怡智家园智障人士服务中心	18	13	27	18	7	4	87
7	开福区众仁社工中心	16.5	12	27	20.5	7	3.5	86.5
8	开福区社会管理创新孵化园	17.5	12	24.5	21	8	3.5	86.5
9	开福区社区助理服务中心	16	12	27	18.5	8	4	85.5
10	开福区德馨社会工作服务中心	18	12	22	22	7	3	84
11	开福区新康养老服务中心	17	11	23	21	7.5	4	83.5
12	开福区新中新儿童发展中心	17	10	29	17	8	2	83
13	开福区通泰街怡智家园	16	12	27	18	6	2.5	81.5
14	开福区希望新居民子女关爱服务中心	17	11	27	19	6	1	81
15	开福区新翼晨光服务中心	14	10.5	24.5	22	7	3	81
16	开福区公众危机心理援助中心	15	12	23.5	20	7	3	80.5
17	开福区彭家巷银龄家园	16	11	23	21	8	1	80
18	开福区沙坪老年公寓	15	11	25	20	7	1	79

3. 社服联社工整合服务资源

社会服务组织联合会作为全区社会组织的服务平台，建立资源整合机制，解决社会组织资源短缺困境，促进社会组织发展。

一是志愿者资源整合。目前，开福区社会组织建立起"社工十义工"的服务模式，即通过"社工引领义工服务、义工协助社工服务"。社工与义工联动发展的机制，需要充分利用志愿者资源，壮大社会服务的团队力量，有针对性地为社区居民服务。2014年，社服联与市孵化基地联合组建了长沙市志愿者服务中心，旨在为各社会组织开展活动、执行项目等方面提供稳定高素质的志愿者资源，提升志愿服务水平。同时，组织志愿者培训和制定志愿者激励机制，确保志愿者队伍不断发展壮大，为社会组织提发展供有力支撑。

二是活动资源整合。社会服务组织联合会通过举办大型活动和主题活动，实现组织之间人力、物力和财力资源的共享，"以活动促交流，以交流链资源"已成为社会组织之间进行资源共享的重要方式。社服联每年举办大型活动1—2次，如"社会工作日"大型活动；每月定期举办主题活动，社服联每月联合一个或多个组织联合开展当月主题活动；如不能每月开展，则可定为两月一次，三月一次。在举办活动过程中，社会组织、社工人才与志愿者相互交流，实现社会组织共促共建；活动的举办在固定的场所进行，实现场地资源的有效利用；活动经费由主办方和参与社会组织共同协商而定，实现财力资源共享。

三是培训资源整合。社会服务组织联合会通过开展培训为社会组织发展整合资源，包括链接培训督导（讲师）、培训课程等资源。从表3-4可以看出，社服联共举办培训14场，累计培训时间15天，培训授课老师10人。培训课程设置较为全面，涉及社会组织项目开发与管理、档案管理、个案实务研讨、组织骨干培训和公益人培训等，丰富的培训课程有助于提高社会组织和社工人才的能力与素质，更好地策划项目和开展活动；培训时间较为充裕，可以更好地保证社会组织和社工人才提升实务能力和掌握社会工作方法与技能；授课讲师来源多元化，可以更好地为社会组织和社工人才提供专业而全面的授课内容，实现社会组织个性化和多样化发展。

表 3-4　　　　　　　　开福区社服联培训课程一览

场次	培训主题	时间	讲师	参加人数
1	社会组织中层骨干培训	2014年3月21—22日	孙荣菁（爱希会主任）	50
2	公益人的培训	2014年4月30日	李卫（心理咨询专家）	30
3	项目开发与管理	2014年5月10日	孙荣菁（爱希会主任）	35
4	社区组织规范培训	2014年5月15日	邝小军（湖南农业大学）	84
5	项目管理沙龙	2014年8月26日	蒋国庆（长沙民政学院）	32
6	非营利组织财务管理实务工作坊	2014年9月13日	吴丽月（民政学院）	28
7	项目设计与开发	2014年10月26日	龙欢（农大社工系）	35
8	档案管理	2015年4月7日	孙荣菁（爱希会主任）	22
9	社会组织评估	2015年6月2日	龙欢（农大社工系）	24
10	公众号、摄影技巧培训	2015年7月31日	李军霞、刘科（专职摄影记者）	45
11	个案实务研讨工作坊	2015年9月11日	孙荣菁（爱希会主任）	51
12	财务培训	2015年9月15日	陈辉红（会计师）	10
13	项目策划与设计	2015年11月5日	廖鸿冰（湖南女子学院）	40
14	社区社会工作研讨坊	2015年12月4日	邓文静（湖南女子学院）	41
合计	14场	15天	10位老师	527人次

四是服务对象转介。服务对象是社会组织直接接触的群体，它虽然不是社会组织资源的直接提供者，却是关系社会组织是否能长久运作的关键因素，直接反映社会组织的服务质量和公信力。社会服务组织联合会通过多种途径为社会组织开发服务对象，建立服务对象数据库，然后将服务对象转介给社会组织。同时，指导社会组织策划服务项目和建立服务对象管理制度（如服务反馈机制和评价体系）。如社服联将入驻开福区养老公寓的老人和残疾人转介给青少年服务组织，由青少年服务组织为他们提供服务。接受服务直接反映社会工作机构

的服务质量，也会影响社会工作机构的公信力。

四 社工人才促进社区居民委员会快速发展

社区是社会治理的基础平台，是各种群体的聚集区和社会利益的集合点，更是各种社会组织活跃阵地。社工人才作为社区公共服务的主要承担者和我国城市基层政权的重要依靠力量，在社区居民自我管理、自我教育、自我服务、自我监督的作用中发挥着重要作用。通过社工人才的内涵建设，极大地促进了开福区社区居委会的发展变化。近年来，开福区不断推进社区居委会社工人才队伍建设，使全区社区居委会的社区治理理念、方式、手段等方面有了重大的变化。

（一）社工人才促进社区居委会服务资源多元化

社区资源是社区建设的重要基础和保障，整合社区资源是解决社区资源短缺矛盾、营造和谐社区的重要方法。全区各社区社工和机构社工队伍积极整合社区资源，不断增强自身资源链接和资源拓展能力，促进了居委会多元服务资源的合理运用，提高了社区居委会的整体公共服务能力。

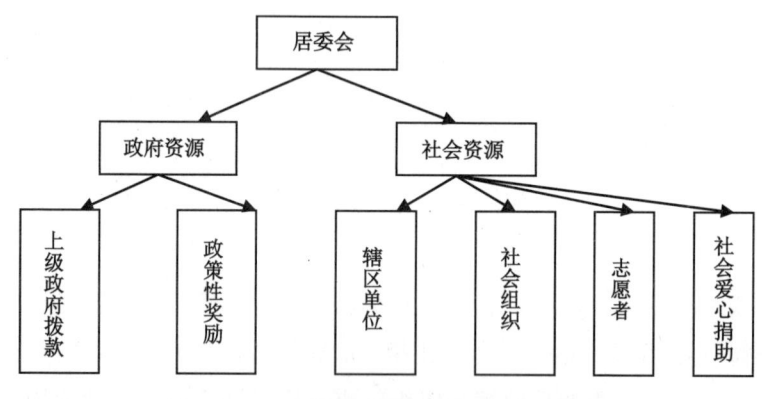

图 3-6 开福区社区服务资源多元化结构

由图 3-6 可得知，开福区社区居委会的服务资源来源广泛，涵盖了政府资源和社会资源，主要包括以下几个方面：

一是上级政府的财政拨款。居委会资金来源主要是上级财政拨款。2015 年，开福区各个社区共获得 86 万元的财政资金，其中，市级层面按每个社区16万的人员、工作经费,8万元的惠民资金拨付,区级层面按每个社区50万的人员、工作经费,12万元的惠民资金拨付,这些财政资金为保障社区正常运行奠定了坚实的基础。

二是政策性奖励。这主要是街道层面对社区的政策性考核奖励。据开福区荷花池社区王书记介绍,以2015年为标准,社区在街道组织的年度考核中名次靠前的奖励400—600元不等。此外,对于在年度创牌中获得较好成绩的社区也有很大的奖励力度:一般国家级创牌的奖励3万元,省级创牌奖励1万元,市级创牌奖励5000元。居委会可以将这笔奖励资金用于社区事务和服务。

三是所驻的辖区单位。驻社区单位是社区的重要组成部分,它一般拥有丰富的资源。如开福区科大景园社区就辖国防科技大学、长沙市农业银行等大型单位,据科大景园社区书记介绍,仅仅2015年上半年,国防科技大学就对该社区捐款达10万元,同时,国防科大还每月定期到该社区组织文艺和军事会演,丰富了社区居民的生活。

四是社会组织。社会组织包括社区社会组织和专业社工机构,经过开福区前期的政策引领和资金投入,各个社区的社会组织势头发展良好,数量较多,仅2015年,全区社区社会组织就发展123家,专业性社工组织发展到了22家,这些社会组织大量承接了政府养老护理服务、社区安全、环保、社区公益服务等职能,成为弥补居委会行动失灵的重要补充,减轻了居委会的负担。

五是志愿者。志愿者作为社区建设的重要参与者发挥着重要的作用。开福区积极发展社区志愿者的力量,目前,全区各社区基本上形成了2—3支志愿者队伍,这些社区志愿者通过提供优质的服务满足了社区居民需求。如荷花池社区的"老书记"调处室志愿队主要是提供社区民意纠纷和矛盾调解服务,清水塘社区的"红色志愿者服务队"和蒋家垅社区"红袖章"党员志愿服务队主要提供社区日常生活服务、残疾人和老年人服务等。

六是社会的爱心捐助。社会资源是社区发展的重要力量,各个社区在促进资源利用上取得了较大成效。如2015年,彭家巷社区就接受社会捐助总额达10万元,此外,还接受了物质方面的(书本、图书、衣服等）。这些社会捐助为社区发展提供了有力的保障，成为居委会获得社会资源的重要途径。

（二）社工人才促进社区居委会服务平台信息化

信息化服务平台是社区居委会创新服务方式、提高服务质量的重要平台，它能有效提高社区居委会服务效率和服务质量。开福区积极打造现代化的信息服务平台，为全面提升全区居委会社区服务能力提供了较好的技术保障和信息支撑。

一是社区网格化管理信息服务平台建设。开福区充分运用集成应用数据挖掘、GIS、物联网、云计算、移动互联网等现代技术，以网格化信息平台为载体，全面摸清网格基础信息（见图3-7）。同时，开福区为每名社区居委会专职网格民情员配备1台PDA手机，在走访服务群众中采集的基础信息，与信息中心连接，通过PDA传入信息系统，随时随地调取信息，方便处置各类事件。

图3-7　开福区网格化社会服务管理信息网站平台

二是社区便民利民信息化平台建设。根据社区规模，开福区积极在社区内安装一定数量的便民缴费终端，积极引进和建设社区银行，方便居民缴纳各种费用。积极链接医疗资源，实现预约挂号、在线咨询、电子病历等智能服务，打造智慧医疗，同时为高龄老人、残疾人群体配备电子辅助终端,提供紧急救助、网上购物等服务。如开福区彭家巷社区于 2013 年积极引进长沙银行落户该社区,最大限度地方便了该社区居民的存取款、缴费等需要,被该社区居民称为"家门口的银行"(见图 3-8)。

(长沙银行"壹站通"进驻社区。市民缴纳水、电、煤气、数字电视、通信费可"一站式"完成。)

图 3-8 开福区彭家巷社区社区银行

三是社区居民互动信息化平台建设。开福区积极适应社区信息化建设,为社区居民之间的互动交流提供信息化平台,通过建立社区微信公众服务号和微信群,搭建居委会与社会居民、居民与居民之间的网上互动与沟通桥梁,快速了解了社区居民的需求,强化了居委会与居民之间、居民与居民之间的互动和交流。如开福区江湾社区湘江世界城公众号和各个社区开通的微信群就是很好的例证。

(三)社工人才促进社区居委会服务内容特色化

社区居委会的主要功能在于为社区居民提供便利、优质和高效的服务。社区特色服务是居委会立足于社区实际,以为民、便民、惠民为宗旨,又具有显著特征的社区社会服务,它既要满足社区居民的整体性需求,又要具有一定的鲜明特色。开福区社区特色服务中最具代表性的是欣城社区的"五零社区"建设、清水塘社区的"社区红色服务"和彭家巷社区的"三银服务"。

一是欣城社区积极推进"五零社区"建设。"五零社区"(服务零距离、安全零事故、环境零污染、治安零案件、居民零上访）是2015年年初开福区为增加居民幸福感，保障社区和谐稳定和创新社区治理模式精心打造的独具一格的个性服务品牌，通过极具特色的"五零工作法"，即社情民意"零盲点"、矛盾纠纷"零激化"、社区服务"零距离"、关爱帮扶"零缺失"、共驻共建"零障碍"来真正实现全区社区治理机制的创新和社会治理能力的提高（见图3-9）。目前，欣城社区的"五零社区"服务模式已推广至全区。

图3-9 开福区"五零"社区内容

二是清水塘社区积极推行"社区红色服务"。开福区清水塘社区居委会通过开展"秉承湘区精神、开展红色服务"活动，充分整合社区红色资源，形成了"红名片服务队""红领巾服务队""爱心救助志愿者""红十字服务队"等服务载体，这些"红色服务团队"通过实施社区爱心捐助扶贫、解决社区日常纠纷和矛盾等服务来促进社区的整体和谐，满足了居民日常需求，增强了社区的整体认同感和向心力。

三是彭家巷社区的"三银服务"建设。开福区彭家巷社区地处城乡结合处，留守妇女与儿童较多，2015年，彭家巷社区居委会积极引进社会力量和资源，实施了个性化的"三银服务"，即"银帆驿站（专注于学生课余辅导）、银龄家园（专注于老年人服务）、银杏学园"（专注于提高社区居民文化素质），通过"三银"的品牌服务来增强社区居民的幸福感，打造社区治理品牌，提升社区治理能力（见图3-10）。

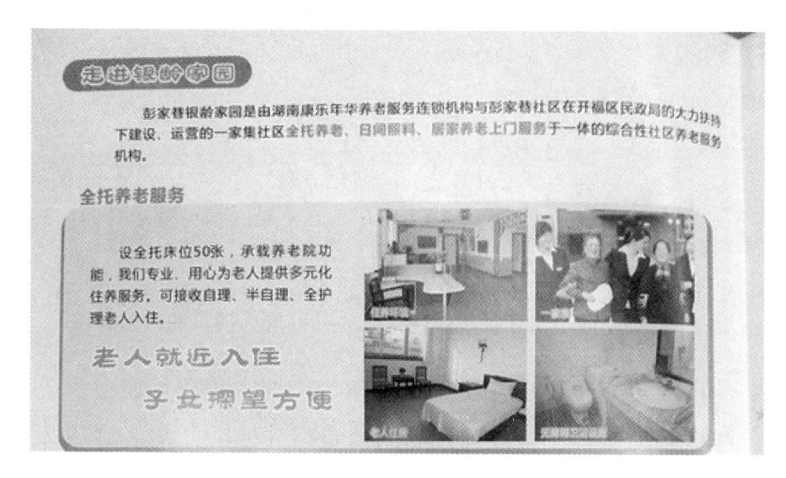

图3-10 "三银"特色服务中的"银龄家园"服务内容之一

（四）社工人才促进社区居委会服务方式社会化

公共服务社会化是指政府充分利用市场和社会的力量来提供公共服务，以降低公共服务成本，提高公共服务的质量和效率的一种方式。[①] 作为全国最早提出"社区管理社会化、社会管理社区化"的社会治理新模式的地区，开福区积极推动全区社区服务社会化，通过政府积极引进和培育社会公益组织开展社区服务，满足了社区居民的需求，提高了社区服务质量。

一是培育和引进社会公益组织开展社区服务。作为第三部门的社会组织已成为承接政府职能转移的重要主体和弥补政府与市场缝隙的弥合剂。近几年，开福区各居委会不断培育和引进社会公益组织，积极指导社会公益组织为社区居民提供个性的专业化服务，满足了社区

---

① 赵晨：《公共服务社会化初探》，硕士学位论文，吉林大学，2007年，第26页。

居民的多元化需求。如开福区福雅坪社区通过引进社会公益组织,成立"暖心工程社区服务站",为社区中的老人提供各类便民服务及丰富多彩的文化娱乐活动等。

图 3-11　"暖心工程社区服务站"为社区老人提供的文艺会演①

二是积极实施社区"党员积分管理"制度。积分兑换是企业为促销产品和提升消费者忠诚度而设立的消费积分体系。福区将积分兑换制度成功融入社区治理之中,通过实施党员积分管理制度有效地吸纳了社区党员参与社区活动。如开福区捞刀河社区、欣城社区和彭家巷社区积极实施社区党员积分兑换制度,通过党员积分管理机制来推动社区党员积极融入社区事务治理。

图 3-12　欣城社区党员积分管理情况

① 史艳军:《积分兑换对派遣员工的激励效应》,《通信企业管理》2011 年第 6 期。

三是开展社区志愿者服务。社区志愿者是提供社区服务的重要力量。开福区各居委会积极发挥社区志愿者的积极作用，不断扩大社区志愿者规模，优化社区志愿者结构，通过组建或培育具有特点的志愿者服务队参与社区事务，这不仅减轻了居委会社区治理负担，还提高了社区服务质量。如荷花池社区在2014年6月组建社区物业志愿者服务站，其志愿者来自本社区的退休职工、退休党员和普通居民，该服务站致力于社区环境保护、家电义务维修、社区日常安全巡逻等服务，极大地方便了社区居民的生活，提高了社区精神文明程度，提高了社区居民的幸福感和社区归属感。

表3-5　　　　　荷花池社区物业志愿者服务站服务情况

志愿者类别	志愿者服务内容
义务巡逻队	配合小区保安进行夜间或节假日的巡逻
环境护绿服务队	（1）搞好宣传教育，增强居民的绿色环保意识； （2）负责对小区环境卫生定期进行清理和绿地养护； （3）定期开展"加强环境整治、提高居住质量"的活动
便民服务队	每周定期开展1—3次的集中为业主提供义务和免费的家电维修、日用品维修
健身护苑队	负责小区内健身器材的维护与修理
青年服务队	（1）为小区的困难老人、困难家庭提供义务劳动； （2）为小区出好黑板报； （3）长期免费为小区开展各项咨询服务

第二节　社工人才促进组织间关系不断优化

社工人才在推动全区社会组织发展的同时，注重促进组织间关系的发展。在社工人才的努力下各个组织在资源、资金、技术、经验等方面都有了广泛的交流，组织间的关系得到了加强和优化，逐渐形成了一种相辅相成、主体互构的关系，不断优化社区治理结构。

一　社工人才促进社会服务组织联合会与社会组织互构

从十六届三中全会明确提出"社会组织"概念，到党的十八大明确提出:"加快形成政社分开、权责明确、依法自治的现代社会组织体制",党的十八届三中全会首次引入了"社会治理"概念,提出推进社会治理改革,创新社会治理体制,改进社会治理方式,培育社会治理主体,激发社会组织治理活力等思想。可以看出,党和政府充分认识到社会组织在社会建设中的积极作用,社会组织逐渐承担起多种社会功能和社会责任,逐渐成为社会治理中的重要一员。

基于社会组织的重要性和发展实际,开福区成立社会服务组织联合会以"规范和提升社会组织服务、加强和创新社会治理水平"为目标,建立社服联与社会组织互构机制,同社会组织构建起合作共治关系,不断提升社会组织综合能力,培育多元社会治理主体和创新社会治理结构。

(一) 社工人才促进两者互构的表现

社服联社工人才积极推动社会服务组织联合会与社会组织建立互构关系,营建社区多元共治格局,使两者在全区创新社会治理与服务的过程中相辅相成,不断激发社会治理活力,共驻共建提升社会治理水平。

1. 相辅相成,激发社会治理活力

社会服务组织联合会与社会组织两者呈现相辅相成的共生关系,二者同为社会治理主体相互影响、相互作用,互为各自发展与运行的机理。开福区基于社会组织在发展过程中面临能力不足、发展碎片化等困境成立社会服务组织联合会;可见,社会组织的发展问题是社服联产生及发展壮大的重要原因。相反,社会服务组织联合会的职责在于促进社会组织发展,说明社会组织的良性发展离不开不断创新社服联的管理与服务。总之,社会服务组织联合会与社会组织两者在全区创新社会治理与服务的过程中共同发展、相互促进,不断培育社会治理主体、激发社会治理活力。

2. 共驻共建,提升社会治理水平

社会服务组织联合会与社会组织两者建立合作共治关系,构建共驻共建机制,提升社会治理水平。一是社服联与社会组织共同组建理事会员单位,以联席会形式分析社区发展现状,讨论制订社区治理工作方案。二是社服联与社会组织结合实际创造性地开展共驻共建活动，在活动中积极探索先进社会治理实践，促进各类活动纵深发展。三是社服联与社会组织创新互构机制，建立社会组织服务机制、政社合作机制和社会组织交流机制，致力打造"共驻社区、共建社区、共享社区资源"的良好态势。

（二）社工人才促进两者互构的原因

社会组织在社会建设中的积极作用，社会组织承担着多种社会功能和社会责任，逐渐成为社会治理中的重要一员。开福区充分认识到社会组织重要性的同时，更加明确地意识到实现社会治理与服务创新必须培育社会治理主体、创新社区治理结构。然而，在创新社区治理与服务的过程中社会组织发展面临着诸多困境，鉴于此开福区成立社会服务组织联合会与社会组织积极互构，培育社会治理主体、创新社区治理结构。

1. 社会组织能力发展不足

从目前来看，开福区社会组织发展的第一个实际是能力依然较弱。社会组织还不能作为政府以外的又一个治理主体参与社会公共事务的治理，中国社会处于从政府主导型治理模式向合作型治理模式过渡的阶段。从政府的角度说，合作型治理模式已初现端倪，政府通过职能转变，将部分权力授权给社会组织，并为社会组织参与社会事务提供了制度规范，日益呈现出合作的趋势；但从社会组织的角度来说，其独立性、运作能力、社会影响力等综合能力有待提升，政府主导型治理模式发展成为合作型治理模式，关键在于不断壮大社会组织的能力。因此，社会服务组织联合会的成立正是以此为目标，即社服联的职能发挥应当始终围绕社会组织的发展壮大，最大限度地发挥社会组织的功效，实现社区治理和服务创新。

2. 社会组织呈现碎片化发展

结合第一个实际，开福区社会组织发展的第二个实际是呈现碎片化发展。现代社会的复杂多变和需求多元化使得任何一种组织或机制都不是万能的，社区治理不能指望单独一个行动者去解决所有问题，任何一个组织都具有自身内在的缺陷和不足，无法兼具处理所有事务需要的技术、能力、手段、策略、信息及资源。为此，社会服务组织联合会需要动员和利用社区内的各种资源，建立多元机制，通过联合和同构机制改变社会组织发展的碎片化局面。一方面，不断使社会组织活动开展和功能发挥由无序状态变为有序状态；另一方面，逐渐把分散的社会组织黏合为一个新的强大的共同体（网络），把有限的个体力量变为强大的共同体合力。这种合力不是 N+N=2N，而是 N+N>2N。通过全区社会组织的不断整合和有效合作，发挥各自比较优势、规避比较劣势，满足社会成员日益增长的多元化、个性化需求，形成新的社会组织治理网络。

（三）社工人才促进两者互构的机制

社会组织发展面临诸多困境，如社会组织能力发展不足、社会组织呈现碎片化发展等，将一定程度上影响全区社会治理创新与服务的进程。开福区积极建立社会服务组织联合会与社会组织多元互构机制，同社会组织构建起合作共治关系，实现社区治理结构创新。

1. 社工人才搭建社会组织服务机制

搭建社会组织服务机制，为社会组织提供诉求反馈、信息发布、服务推介、政策咨询、培训交流等服务；提高社会组织在项目运作、活动策划、组织协调等方面的能力；推介社会组织承接政府服务的购买；帮助社会组织制定自律规范，形成自我约束、自我管理机制。

社会服务组织联合会把能力建设视为社会组织生存和发展的根本，社服联通过开展系列培训、专题讲座、业务指导、政策解释、咨询服务和权益维护，不断提高社会组织的综合能力。每年以不同形式开展财务、法律、档案、创新能力、专业人才等专业培训加强社会组织的能力建设，如开展社会组织财务和档案管理培训，旨在规范和提高社会组织管理能力，夯实组织自身建设和内部管理，加强和创新社会管理水平；开展"我的团队我领导"领导力培训，不断提升社团领袖的决策力、执行力、创造力、凝聚力、沟通协调能力、培训能力、自我业务技术能力、团队管理能力等综合能力；开展项目开发与管理培训，主要内容涉及项目管理的架构及概念、案例分析、项目发想（头脑风暴）、分组项目设计及评论、案例分享（本地例子）五大板块，以提高社会组织的项目运行能力。

通过搭建社会组织服务机制，一方面，使全区社会组织在发展壮大过程中能够获得较为系统、全面的帮扶，不断增强社会组织的发展活力，从而有助于社会组织更好地开展社区服务；另一方面，服务平台即是联合的平台，社会组织的蓬勃发展意味着社会服务组织联合会可以充分发挥自身的联合作用，使多元的社会组织更有秩序地参与到社区治理中，形成一个多元而又联系紧密的社区治理结构。

2. 社工人才构建政社合作机制

构建政社合作机制，及时反映社会组织提出的社会服务和社会治理的意见及建议；建立健全诉求表达、协商对话机制，及时了解、研究、解决社会组织反映的突出问题，化解社会矛盾。经由政府部门认定的社会服务组织联合会容易获取政府信任，易于实现体制内资源的整合，利于社会组织更好地获得政府支持。社会服务组织联合会具有组织完备，政治可靠，引导有力，组织力、活动力、社会公信力强等特点，是社会组织和政府之间实现有效沟通和合作的桥梁。

社会服务组织联合会构建政府与社会组织之间"购买服务"的合作机制，推动政府职能转变，促进社会组织发展，满足多样化社会需求。社会组织联合会通过向政府提出的由相关社会组织承接社区残障康复、优抚安置、劳动就业、司法矫治、卫生服务、老年人服务、青少年婚姻家庭服务等政府购买服务项目的建议得到政府的重视、认可和采纳。如开福区民政局向众仁社会工作服务中心购买100万元服务，服务内容包括妇女服务、家庭综合服务、居家养老服务、青少年服务和残疾人服务等；向社区助理服务中心（一点通）购买80万服务等。

社会服务组织联合会通过构建政社合作机制，有效把政府意愿和社会组织需求有机结合起来。一方面，政府部门可以了解社会组织发展的基本数据和总体情况，有效地掌握社会组织的发展现状、发展中存在的新问题和发展中凸显的典型经验，使政府部门能够清楚地掌握全区社会组织发展方面的实际需要、现实动态和未来趋势；另一方面，可以向社会组织传达政府部门在推进社会治理创新和推动社会组织发展的政策规章，提供政府部门体制内部的资源（信息资源和资金资源等），引导社会组织向正确的方向发展。

3. 社工人才营建社会组织交流机制

社会服务组织联合会营建社会组织之间的交流机制，注重引导不同服务领域和不同特长的社会组织朝着合作共赢方向发展。促进社会组织相互学习、相互提升，在组织之间形成信息共享、资源互联、发展相助机制，改变社会组织的碎片化发展局面。

表 3-6　　　　　　2015 年社服联组织社会组织交流活动一览

日期	活动主题	参与组织	参访对象	活动效果
4月22日	"参访·沟通·合作"开福区养老组织	5家组织 8名代表	新康养老中心 创乐福	1. 开福区养老组织之间有了更深入的了解；2. 制作了《开福区养老组织宣传单》
6月24日	"资源共享 交流合作"	5家组织 10名代表	众仁社工中心 新中新	1. 各社会组织之间有了更深入的了解；2. 为之后组织的合作达成共识
11月12日	"走出开福，创造信幸福"	4家组织 7名代表	雨花区枫树山日间照料中心、雨花区福利中心、雨花区为老信息服务平台	1. 了解了其他区养老组织的发展情况；2. 为本组织的发展提供了新的思路

社会组织联合会组织类型多样的交流活动，使社会组织之间相互学习、交流，帮助社会组织不断积累社会资本和社会关系，降低机构的运作成本；通过开展交流活动，使原本没有业务关系的各类社会组织找到了相互交流合作的平台，不同类别的社会组织得以互助互惠，实现资源共享，促进信息互通，推动跨界合作，促进社会组织与政府部门的沟通，以解决发展过程中遇到的实际困难和问题。社服联积极组织区域内社会组织相互间的交流合作，如组织开展"爱心无限·志愿常在"交流会，为企业、机构及高校志愿者搭建了三方平台，形成良好的互动，共建友谊桥梁，增强了志愿者及机构在公益服务过程中的信心；社区文艺团体交流座谈会，参与活动的各个团长彼此熟稔，为以后各个文艺性社区社会组织交换资源、彼此学习奠定了扎实基

础，共同促进了开福区兴趣类组织的发展。

除此之外，社服联充分发挥协调功能，通过搭建交流平台积极调节和化解社会组织之间各种冲突和矛盾，保持社会组织之间和组织成员之间的密切合作。不少社会组织由衷感叹："自从有了社会组织联合会，使我们找到了'娘家'"，表现出明显的归属感和认同感。社服联积极维护各个社会组织相关权益，充分调动了社会组织及组织成员的积极性、主动性和创造性，提高了组织的凝聚力和向心力。

（四）社工人才促进两者互构的影响

社工人才推动社会服务组织联合会同社会组织积极搭建社会组织服务机制、构建政社合作机制和营建社会组织交流机制，为全区社区发展增能增效。在互构机制的推动下，社服联与社会组织构建起合作共治关系，社会组织呈现整体发展、枢纽型社会组织作用初显、社区治理结构趋向多元化，全区社会治理与服务创新呈现良好态势。

1. 社会组织呈现整体发展

在社会服务组织联合会联合与互构下，社会组织呈现整体发展态势。一是社会组织之间实现资源共享。从内部来看，社会组织在独立、平等的基础上，开展多种形式的交流与合作，建立资源互助机制，弥补自身发展的缺陷和不足；从外部来看，在社服联的联合下全区社会组织以"联合体"的身份同政府部门进行沟通、对话和互动，可以更好地达利益诉求、协调工作关系、整合社会资源，以争取政府在资金、项目、政策等方面的更大支持。二是社会组织综合能力不断提升。社服联坚持"综合发展，全面提升"原则加强社会组织能力建设，逐步提高社会组织内部管理、资源链接、项目运作、培育孵化、协调互动的能力，引导社会组织运用社会工作方法开展服务。三是社会组织服务功能全面发挥。在社服联的引导和带动下，社会组织开展公益服务趋于常态，社会组织的业务范围涉及困难救助、矛盾调处、权益维护、心理疏导、行为矫治、关系调适等多个领域，并形成了专业服务和综合服务相互补充的社区服务模式。

2. 枢纽型社会组织作用初显

2012—2015年，社会组织联合会不断解放思想，切实发挥自身优势和功能，全面彰显枢纽型社会组织①桥梁纽带作用。一是不断增强社会组织的聚合力。社服联通过"以服务促聚合"方式，把全区600多家社会组织打造成了"联合体"，聚合效应不断增强，社会组织实现"化零为整""抱团发展"。二是不断整合社会组织发展资源。社服联运用自身的影响力，帮助社会组织对不同来源、不同层次、不同结构、不同内容的资源进行识别与选择、汲取与配置，实现资源的有机整合；同时，强化社会组织整合与运用资源的能力，增强社会组织竞争力。三是不断强化社会组织能力建设。社服联利用自身优势，提供平台型能力建设支持服务，为社会组织举办大中型能力建设培训，不断提升社会组织和社工人才综合能力。

3. 社会治理结构趋向多元化

随着社会组织的不断发展，社会组织在社会治理中的作用不断凸显，利于推动社会治理结构的不断创新。一个良性的治理结构包括政府、企业和社会组织等多元主体的共同参与和分工合作，公共治理的主体必须实现多元化。社会组织的因其形成和运作的志愿性、自主性、非营利性、公益性、平等性和社区成员公共参与的特征，使其相对于政府在基层社会治理中具备独特优势，更容易获得社会认同和归属、更容易融入社区文化与传统、更容易满足社区需求，成为政府以外的新生社会治理主体。社会组织的培育与发展，有利于打破传统的政府"一元化"管理模式，推动社会治理和公共服务主体多元化，缩短社会协同、公众参与不足的社会治理"短板"，延伸当前社会治理的深度和广度，拓展公民参与社区治理和社会服务的途径、方式，提高公民对社会生活有效参与的便利性和可及性，形成新的社会治理

---

① 北京市颁布的《关于构建市级枢纽型社会组织工作体系的暂行办法》将枢纽型社会组织界定为：由负责社会建设的有关部门认定，在对同类别、同性质、同领域社会组织的发展、服务、管理工作中，在政治上发挥桥梁纽带作用、在业务上处于龙头地位、在管理上承担业务主管职能的联合性社会组织。

方式与模式，提升社会治理效能。

二 社工人才推动社区居民委员会与社会组织互构

社区是城市的细胞。社区建设是加强城市基层治理和维护城市稳定的重要工作，准确把握和理顺城市社区居民委员会与社区相关组织的工作关系，是健全和完善社区治理机制的重要组成部分。2010年8月26日，中共中央办公厅、国务院办公厅印发《关于加强和改进城市社区居民委员会建设工作的意见》，明确要求逐步理顺社区居民委员会与相关组织的工作关系，社区居民委员会要帮助、支持社区社会组织和社区志愿者参与社区管理和服务。因此，准确把握社区居委会与社区社会组织和社会工作机构的关系是加强社区各方协同治理、构建和谐社区的重要前提。2012—2015年，开福区积极开展社区居委会能力建设，积极培育社区社会组织和专业社工机构，准确把握三者之间的关系，为建设一个管理有序、服务完善、群众满意、文明祥和的社会生活共同体奠定了坚实的基础。

（一）社工人才推动两者互构的表现

现代社会治理不是主体对客体的单向度的一元治理，而是这两方面之间相互支持与互构的统一过程，互构就是社会关系主体之间的相互建塑与型构的关系。[1] 社区居委会与社会组织的互构，实际上是居委会与社会组织之间建立相互建塑与型构的关系，这种合作与建构关系的根本价值在于获得社区整体性治理的绩效，全面提升社区治理能力和治理水平。

自2012年开福区以建设国家社区治理和服务创新实验区建设为契机以来，全区社区建设取得了良好效果，社区治理方式得到了创新，社区治理结构得到了优化，特别是作为社区的重要治理主体——居委会与社会组织之间的关系得到了优化。

1. 资源互构

资源互构就是两者在资源上的共享与互补，社区居委会作为社区

---

[1] 郑杭生、杨敏：《社会互构论的提出》，《新华文摘》2003年第11期。

法定的治理主体，支配了一定的社区资源，而社会组织作为市场发育程度较高的非政府组织，也拥有一定社会资源，在自身需求与外部环境的推动下，居委会与社会组织会积极主动加强资源互构，建立资源互构机制，从而达到共享共赢的效果。开福区福雅坪社区在居委会与社会组织的资源互构上取得了积极的成果，引起了良好的社会反响。

长沙市共享家社区志愿服务中心（简称HOME）是一家民办非企业的公益性组织，该组织于2014年12月正式进驻福雅坪社区，HOME服务范围主要涉及文化、教育、社区和乡村建设四大版块。福雅坪社区居委会积极主动与该公益组织对接社区公益项目，在资源共享上取得了一定的成效。

表3-7　　　长沙市共享家社区志愿服务中心与福雅坪

社区居委会各有资源分析

长沙市共享家社区志愿服务中心	福雅坪社区居委会
（1）理论资源。该公益组织拥有一整套完整、先进的社区公益服务理念和技术 （2）志愿者资源。该组织的志愿者来源多元化，涵盖了高校、政府人员、企业人员和社区居民等 （3）资金支持资源。该组织的社区服务项目长期受到中央财政支持，其中，"中国社区服务暖心工程"由中央财政支持社会组织示范项目立项 （4）社会资源。该公益组织常年在大陆范围内组织公益宣传，接受社会公益人士和企业的捐助，接受社会志愿者的报名 （5）活动资源。该组织常年举办公益创作大赛，经过专家评审将优秀的成果落地社区实践	（1）场地资源。居委会可以为社会组织提供免费的办公和工作场地、实施 （2）人员资源。居委会工作人员对本社区的社情较为熟悉，可以帮助、辅助社会组织开展服务 （3）平台资源。社区居委会可以拿出社区的若干个公益岗位，交由志愿者实践 （4）资金资源。根据区政府组织的年度评审，居委会可以拿出一定资金给予扶持和投入 （5）社区动员机制。居委会可以积极动员社区居民接受社会组织的服务，引导居民对社会组织的服务给予评价

由表3-7可知，福雅坪居委会与长沙市共享家社区志愿服务中心的资源共享主要集中在以下几方面：

一是场地设施共享。福雅坪社区为该中心免费提供了2间办公室及其全部的办公设备，解决了该组织落户福雅坪社区的场地问题。

二是人力资源共享。长沙市共享家社区志愿服务中心可以积极组织所属的志愿者开展社区服务，同时，居委会可以组织社区工作人员辅助、协作该组织开展服务。

三是社会资源共享。长沙市共享家社区志愿服务中心可以将所获得的社会资源（社会志愿者、社会公益捐助）用于社区建设和发展，居委会也可以发动省内高校、专家学者开展对该组织的培训。

四是平台共享。居委会可以拿出若干个社区岗位对接该中心的志愿者服务，充分提高志愿者的能力和水平，该中心也可以中心为平台，培训社区工作者，提升其理论和服务能力。

2. 需求互构

社区居委会作为自治组织，其基本使命在于为社区提供服务，不断满足居民需求。但由于现代社区治理是项复杂的系统性工程，居委会不但要考虑整个社区的整体性需要，还要顾及社区居民的个性化需求。但是由于居委会自身能力有限，难以独自承担整个社区服务，必须寻求合作伙伴。社会组织作为服务性非政府组织，具有专业技术和技能，它也有拓展其组织规模、完善其功能、扩大其影响的需求。社会组织要不断提升其整体性影响力，也需要社区居委会的积极扶持。因此，在双方各自需求的内在驱动下，居委会与社会组织双方会主动加强沟通和合作。开福区彭家巷社区就是一个典型的例子。

表 3-8　　　　　　2015 年度彭家巷社区居民需求综合

序号	居民需求内容
①	社区"三无""五保"、残障等困难老人的日常护理与照顾
②	居民进出社区即可取到钱，不需要到城区办理银行业务
③	社区留守儿童放学后的作业监督与辅导
④	社区留守儿童周末、寒暑假的娱乐活动
⑤	社区失地农民长期未找到工作后的心理辅导与健康服务
⑥	社区的晚间治安、巡逻
⑦	社区居民出行难，没有公交车直通中心城区
⑧	社区有的家庭出现家暴问题，孩子没法正常上学，孩子有心理阴影
⑨	社区内 40、50 岁妇女家政服务的技术性培训
⑩	单亲家庭孩子放学后的作业检查与活动

表3-9　　　　　　彭家巷社区主要社会组织的需求调查

	彭家巷银铃家园①	湖南大同社会工作服务中心②
需求	（1）需要居委会帮助宣传其社会影响，吸收更多的被服务者； （2）需要居委会提供更多的办公场所； （3）需要居委会协助解决其员工的住宿场所； （4）需要与居委会一道打造该机构的品牌项目，以获得更多的政府购买项目	（1）需要居委会的项目扶持和资金投入； （2）需要与居委会一起整合社区资源，方便开展社区服务； （3）需要与居委会一道打造该机构的品牌项目，进而提高社会影响和知名度，获得更多的政府购买项目； （4）需要居委会工作人员协助其开展社区服务，方便进入社区； （5）需要居委会进一步提供该机构社工的住宿与伙食问题

从表3-8分析可知，彭家巷社区居民的①需求可以由彭家巷银铃家园机构帮助其解决；③④⑤⑧⑨⑩需求可以由湖南大同社会工作服务中心提供专业的社工服务，而彭家巷银铃家园和湖南大同社会工作服务中心的需求，居委会则可以通过不断努力予以支持。

彭家巷社区与该社区的主要两大社会组织需求互构，呈现出了以下局面：

一是彭家巷社区居民的七大需求可以由彭家巷银铃家园和湖南大同社会工作服务中心提供的服务予以较好的解决，而且解决得很好，居民幸福感明显增强。

二是居委会与其互构打造了双方的品牌项目，如与湖南大同社会工作服务中心打造的"40、50就业加油站""花季护航"，与彭家巷银铃家园打造的"家文化与孝文化""没有围墙的养老院"等社区品牌服务获得了较大的社会影响力。

三是彭家巷社区每年会给予彭家巷银铃家园和湖南大同社会工作服务中心适当的资金扶持，同时，进一步整合社区资源，为其两大社会组织提供更优质的社区服务，营造更好的环境。

---

① 彭家巷银铃家园是由湖南康乐华养老服务连锁机构与彭家巷社区强强联合建设运营的一家集社区全托养老、日间照料、居家养老上门服务于一体的综合性社区养老服务机构。

② 湖南大同社会工作服务中心于2015年8月进驻彭家巷社区，主要提供老年人、青少年儿童、失地农民、社区志愿者等领域服务，属于非营利性社会公益性组织。

四是关于该社区两大社会组织的人员住宿和伙食问题，彭家巷居委会正在积极努力沟通协调。

（二）社工人才推动两者互构的原因

社工人才推动居委会与社会组织的良性互构有诸多原因。总的来说，互动的驱动是现代社区的多元需求与整体性社区治理的需要。

1. 社区多元需求的驱动

社区居民的多元需求构成了社区治理的有效目标，也是社区治理的动力源泉。随着社会多元化发展，社区居民的需求也从单一性向多元化、从抽象性向精准化方面发展，现代社区居民的需求更多集中于居民所关注的生活品质和社区幸福，单靠政府主体提供公共服务已经无法解决和满足社会成员多样化、个性化的需求。

社区居委会作为我国法定的社区治理者，既要承担上级政府的行政责任，又要履行自身的自治事务，无法包揽社区一切事务，满足社区居民多样化需求，必须寻求合作伙伴，建立社区合作治理机制，而作为第三部门的社区社会组织和专业社工机构，其拥有较为完善的组织功能、社区资源链接能力和社区服务能力，因而能够成为承接政府职能转移的重要主体，为社区提供更多优质、专业的服务，满足社区居民的多样性需求。社会组织提供的服务能最大限度地回应社区居民的需求，为社会发展注入活力，因而成为弥补政府与市场缝隙的弥合剂。在社区居民多元化需求的推动下，社区居委会与社会组织能构建起有效的互构机制，共同优化社区治理环境，不断满足社区居民的多样需求，形成政社互动的有效机制，共同提高社区治理能力，推进社区治理现代化。

2. 现代社区治理的推动

治理是指各公共机构或私人机构与个人管理公共事务的诸多方式的总和，是使相互不同或有冲突的利益得以协调的联合行动的持续过程，它包括迫使人们服从正式的制度和规则，也包括各种非正式的制度安排。[1] 现代社区治理是一种整体性治理，它要求打破社区公共服

---

[1] 徐勇、高秉雄：《地方政府学》，高等教育出版社2005年版，第243页。

务的碎片化，充分整合社区资源，建立社区利益各方协调、合作与联动机制。居委会作为提供社区公共服务的主体，存在着公共服务碎片化、公共服务方式和手段传统、公共服务质量不高等问题，而社会组织作为具有提供专业服务功能的自组织，能够承担为社区提供优质服务的责任，因而能最大限度地满足社区居民需求，为居委会减负，提高社区服务质量。

同时，现代社区治理强调强化社区资源整合，政社资源有效衔接。社区资源是社区发展的基础和保障，它需要将居民、政府单位和社会组织等不同主体所拥有的各类资源有效地整合起来。居委会与社会组织作为提供社区服务的主要供给者，需要整合各自资源，形成资源共享机制，促进社区整体性治理，提升社区治理水平与治理能力。

(三) 社工人才推动两者互构的机制

在社区多元需求与现代社区治理的驱动和推动下，开福区积极建构社区居委会与社会组织的互构机制，通过确定机制促进居委会与社会组织之间的形塑与建构，以此来推动社区居委会与社会组织的共同发展。具体而言，开福区推动居委会与社会组织的互构机制包括建构资源共享机制、搭建合作共治平台和完善三社联动机制三种。

1. 社工人才建构资源共享机制

社区资源是社区建设的重要基础和保障，整合社区资源、实现社区资源共享是解决社区资源短缺问题的重要方法。社区资源共享是把社区内的各种资源要素转移到社区来支配，为社区内的各方所用，从而达到最优值。社会组织作为社区治理的重要一方，一般而言，社会组织具有自身的技术与专业优势、具有很好的资源链接能力，社区居委会作为社区治理的协调者和组织者，拥有诸多政治资源、经济资源、文化资源和人力资源等。

同时，社会组织由于其强大的资源链接能力，掌握着大量的社会资源，而在某些情况下，社区居委会与社会组织在资源运用上存在着严重的脱节现象，因此，最大限度实现居委会与社会组织资源共享是解决其资源割裂的重要方式与手段。居委会与社会组织通过强强联合，采取资源互补、共建、共享的方法，使社区内整体性资源利用达到最优的状态。因此，在社区多元需求和现代社区整体性治理的驱动下，居委会与社会组织会建立良性的资源共享机制，达到资源共享、优势互补。开福区四季花城社区以"创新社会治理体制，提高社会治理水平"为契机，在2014年积极引进"长沙鑫晨妇女儿童公益发展中心"，该社区积极推动政社合作共治，建立居委会与社会组织资源共享、共驻共建机制，取得了较好的成效。

表 3-10　　四季花城社区居委会与长沙鑫晨妇女儿童公益发展中心各自资源分析

四季花城社区居委会（拥有资源）	长沙鑫晨妇女儿童公益发展中心（拥有资源）
（1）居委会可以为该机构进驻社区提供全部的办公场所、办公设施和其他设施； （2）居委会可以将自身的封闭资源（如道德大讲堂、党员会议室）等定期提供给该机构使用； （3）居委会可以通过上级政府联系省内高校（湖南师大和长沙民政学院）专家学者为该机构作专业辅导与业务能力培训与督导，提高其服务水平； （4）居委会可以动员社区工作人员帮助、指导该机构的日常服务（主要解决该机构进社区的网格化信息需求、人员需求、地理需求等）； （5）居委会可以动员社区志愿者积极辅助该机构做好服务，要求社区居民积极配合该机构人员的服务； （6）居委会可以以项目形式将社区部分服务外包给该机构，给予一定的资金支持或者申请上级机构增加其政府购买其社会服务的经费； （7）居委会可以动员、协调所驻辖区的单位（长沙市第二中学、省博物馆）等提供设施、信息等作为该机构服务的必需资源	（1）该机构拥有成熟的社工专业技术和服务能力，可以为社区提供女性培训、法律援助、家庭救助、女性健康、亲子教等方面的服务； （2）该机构与湖南省妇联关系密切，因此可以积极促成省市妇联机构与居委会合作； （3）该机构可以通过拉赞助的形式，吸收社会公益爱心捐助，作为社区发展的重要组成部分； （4）该机构可以积极组织社区志愿者、被服务者参加社区志愿活动（清理卫生、维护社区治安等）； （5）该机构可以组织本机构员工积极协助居委会成员完成一些简单的文字工作和其他工作（参加社区居民走访、慰问社区困难户、慰问社区儿童、妇女、老人等）； （6）该机构可以将自身服务的理念、心得与专业技术与居委会工作人员共享，同时，也可以帮助居委会成员做好心理、家庭儿童、妇女服务等，与居委会成员积极交流服务理念、感情问题和社工考证等问题

从表3-10可分析得知：第一，居委会主要为所驻社区的社会组织提供办公场所、设施、资金、人力资源与行政关系网资源；第二，长沙鑫晨妇女儿童公益发展中心主要为社区提供专业服务、理念、社会关系网，帮助居委会减负，承接居委会部分职能，为社区提供优质服务；第三，双方资源共享的最终目标在于：满足社区居民需求，减

轻居委会负担，提高社会组织服务能力，提高社区治理水平和能力。

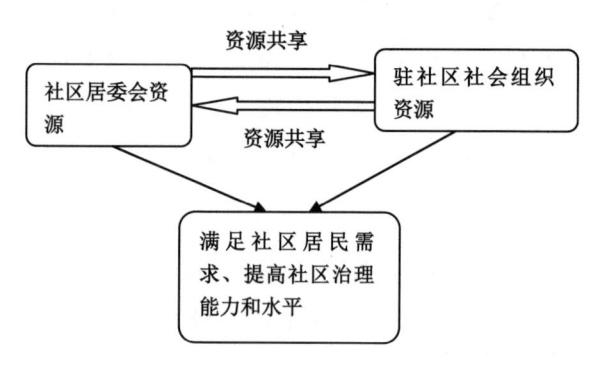

图 3-13　社区居委会与社会组织资源共享结构

2. 社工人才搭建合作共治平台

社区治理是一个系统性复杂工作，它涉及多方力量、多个层次的利益博弈和力量牵引，政府与民间、公私部门之间的合作与互动是现代社区治理的重要要求。社区居委会和社会组织之间的合作共治、良性互动是促进社区治理现代化、推进社区治理机制创新的重要基础。开福区居委会积极搭建与社会组织的合作平台，扎实推动社区治理机制创新。

一是基层政府搭建居委会与社会组织长期协商合作平台。推进社区治理现代化需要居委会与社会组织的良性互动和深度合作。开福区政府通过采取政府购买服务的方式，面向社会组织开放社区公共服务领域。社会组织主动与居委会对接，了解社区居民需求，开展社区服务。在基层政府搭建的居委会与社会组织服务平台上，居委会与社会组织可以就社区居民的多样性需求、社会组织所遇到的困境和社会组织提供社区公共服务的方式与手段等内容进行合作协商，以提高社区公共服务水平。

二是社区居委会通过培育社区社会组织建立合作治理平台。社区社会组织具有自治和服务两大基础性功能，它能为社区提供良好的服务。居委会通过培育与扶持社区社会组织，积极引导其参与社区治理，提供社区服务。社区社会组织则可以通过居委会的适当资助和扶持，不断扩大其规模，完善其组织结构，扩大其社会影响力。在这种合作的平台下，居委会和社区社会组织可以各取所需，共同参与社区治理，提升社区治理能力。

三是通过国际资源搭建居委会与社会公益组织的合作服务平台。现代社区治理必然是社会资本的整合过程，其中，国际资源的引进相当重要，公益性国际资源引进和运用能有效提升该地区的公益服务质量，特别是对于提高社区的公益服务质量和水平能起到很重要的作用。

国际关心中国慈善协会（简称 ICC）是在英国和香港注册的国际性慈善机构，ICC 实体项目之一的爱希会长沙市开福区残疾儿童服务中心于 2010 年 9 月落户开福区蒋家垅社区，蒋家垅社区居委会主动与爱希会长沙市开福区（社区拓展）残疾儿童服务中心合作，为该中心提供免费的办公房间、服务场所和政策支持，该中心则在蒋家垅社区乃至全区范围内开展一系列的残疾儿童和残疾家庭的服务（表 3-11 是 2015 年该中心的部分服务活动）。残疾人及其家庭的照顾与心理疏导不是居委会能单独胜任的，在居委会与 ICC 的共同合作下，蒋家垅社区的残疾人康复工作取得了较大的成效，多次获得了省市区妇联组织的表彰。

表 3-11　爱希会长沙市开福区残疾儿童服务中心 2015 年度部分服务活动

2015 年家长支持小组活动主题	人 数	时 间
蒋家垅社区慰问	16	2015.2.11
脑瘫孩子的护理	13	2015.4.25
脑瘫儿童坐姿与体位转换	9	2015.5.31
天明视光视力保健宣导暨检查	30	2015.6.6
唐氏综合征特殊教育与发展（上）	7	2015.7.11
唐氏综合征特殊教育与发展（下）	5	2015.7.18
ICC 走长城	38	2015.9.19
自闭症家长支持小组	22	2015.10.31
玩乐主题培训——家长支持小组	13	2015.11.14
助残没有国界——爱心助推社会——国际残疾人日·开福区在行动	358	2015.12.3
共计 16 次	760 人次	

3. 社工人才完善"三社联动"机制

"三社联动"是指以社区为平台、以社会组织为载体、以专业社工为支撑、以社区居民现代需求为导向的一种新型社区合作治理模式。三社联动是社区整体性治理的需要，也是创新社区治理模式和优化社区治理结构的现实性需要。开福区强调要发展和完善"三社联动"机制，建立以社区为平台、社会组织为载体、社工人才队伍为支撑的"三社联动"社区服务架构，拓宽社会组织、社工人才参与社区建设的渠道。

"三社联动"强调社区、社会组织与社工人才的资源整合，"三社联动"机制将居委会、社会组织与社工各方资源和力量有效整合。社会组织以项目制形式深入社区，为社区提供优质专业的服务，满足社区居民需求。开福区彭家巷社区通过引进由区政府购买社会服务的湖南大同社工机构来不断优化社区社会化服务结构，转移居委会部分职能。具体来说，彭家巷社区居委会通过为社会组织提供场地设施、资金补助、人员辅助配置等资源使湖南大同社工机构能更好地为社区居民提供服务，而湖南大同社工机构则以社工为主干力量，外加社区志愿者通过利用自身已有的技术和专业优势，综合社区居委会和其他的资源，以打造品牌项目的形式更好地为社区提供专业优质的服务，满足居民需求。

彭家巷社区"三社联动"机制发展现状

（1）湖南大同社工机构于 2015 年 8 月被引进至彭家巷社区，其主要服务内容为：失地农民服务、青少年服务、志愿者服务与老年人服务，其机构现有 5 名专兼职社工，全部拥有中级以上社工证。

（2）湖南"大同"社工通过资源与技术输入，在入驻彭家巷社区，以打造品牌项目为平台和支撑点，先后打造了"花季护航""40、50 就业加油站""都是一家人"等具有鲜明特色的服务项目，极大地提升了社区居民的幸福感，提升社区服务，融洽社区居民关系。

（3）彭家巷居委会主要是为社会组织和社工提供社区资源（场

地、用房、资金补助）等，为大同社工机构不断"输血"，增强其"造血"服务能力，实践表明，彭家巷社区的"三社联动"取得了较大的成效：一是满足了该社区居民的现代需求，增强了该社区居民的幸福感；二是增强了大同社工的社会影响与知名度，对其完善组织结构、提高社会服务功能起到了很大的作用；三是彭家巷社区居委会负担减轻了，使其更能专注于社区居民的精准服务要求；四是创新了基层社会治理，提升社区服务，融洽社区居民关系。

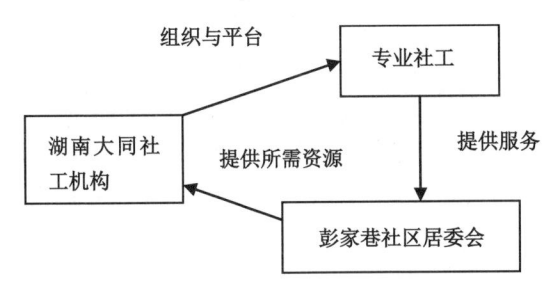

图 3-14　彭家巷社区"三社联动"结构

（四）社工人才推动两者互构的影响

开福区通过积极打造社区居委会与社会组织的互动平台、建立其互构机制，最大限度地使各自的能力与功能得到了提升和完善，强化了居委会与社会组织的深度合作和良性互动，增强了社区和社会治理能力。

1. 增强了社会组织的服务功能

开福区通过居委会与社会组织的良性互动，增强了社会组织的自组织和服务功能，强化了社会组织的自我教育、自我服务意识，优化了社会组织发展的外部环境，夯实了社会组织的内在基础。

一是服务内容更精准化。社会组织为社区提供服务一般以项目形式开展，且一般以整体的形式予以实施，但由于社区居民需求的多样化，社会组织的项目缺乏个人关爱。开福区彭家巷社区湖南大同社工机构通过空间开放技术组织居民开展社区需求调查，并由社工在社区开展个案调查，了解社区特殊群体和个人的需要，这不仅满足了社区大部分人的需求，也满足了特殊群体和个人的需求。

二是资源整合能力进一步加强。社会组织具有一定的资源整合能力是其更好开展服务的重要条件。四季花城社区长沙鑫晨婚姻家庭综合服务中心作为主导家庭和妇女服务业务的专业社工机构，近几年，先后联系省市妇联机构，争取经费和资源支持，同时，不断拓展社会资源，接受社会捐助，积极主动与高校对接，经常邀请高校社会专业教师来社区开展公益培训和督导，组织和动员社区志愿者辅助其项目实施，经过一系列的资源整合，长沙鑫晨婚姻家庭综合服务中心的服务资源不断夯实，资源来源更加广泛，服务能力不断提升。

三是服务品牌打造能力不断增强。服务品牌是社会组织扩大社会影响力的重要载体，也是增强其提供社会服务能力的重要方式。通过社区居委会与社会组织的互构，全区社会组织的品牌塑造能力不断增强，通过提升品牌打造能力来提高其社区服务质量，获得了社区居民和社会的高度认可。开福区社会组织积极打造服务品牌，以品牌建设为动力，全力提升其服务质量，取得了一定的成效。

表3-12　　　　　　　　开福区社会组织部分服务品牌

社会组织名称	品牌服务
湖南大同社工服务中心 （专业社工机构）	（1）"花季护航"关爱青少年儿童成长项目； （2）"40、50就业加油站"项目； （3）"都是一家人"融合性项目
长沙鑫晨婚姻家庭综合服务中心 （专业社工机构）	（1）四点半课堂； （2）"忘忧草"关注留守儿童
长沙政和社会工作发展中心 （专业社工机构）	"爱心妈妈"服务项目
长沙市开福区众仁社会工作服务中心 （专业社工机构）	"四点半酷乐园"服务项目
畅通管家协会 （社区社会组织）	社区交通畅通
邓学东先锋工作站 （社区社会组织）	先锋讲师团、先锋义诊团
青蝶学社 （社区社会组织）	民情茶吧

2. 减轻了社区居委会的负担

社区居委会作为社区准行政组织，具有承接上级政府行政责任和行政事务的功能，同时，作为社区自治组织，又具有为社区提供优质公共服务的职责。开福区通过居委会与社会组织的有效合作和良性互动，使得社会组织承担了居委会一些服务职能，减轻了社区居委会负担，使得居委会有更多精力和时间专注于开展居民自治。

在笔者调查的开福区25个社区中，其社区社会组织的数量相当多，同时，区政府购买服务的专业社工机构也相继进入社区。据开福区彭家巷社区书记介绍，2015年，该社区共积极培育3个社区社会组织，引进由区政府购买服务的专业社工机构1个，这些社会组织拥有完善的组织结构、组织章程和服务功能，它们积极投身于社区的各项服务，如妇女维权、留守儿童问题、居民心理培训与教育等，使得居委会大大瘦身，治理负担明显减轻了，居委会则可以把更多的时间投入到居民自治工作中去，提高了社区居民的认同感和向心力。

3. 优化了社区治理结构

社区治理结构是国家和社会组织对社区事务的管理所形成与倚赖的组织形式，它涉及市场、社区、社会组织联动和互构。传统社区的治理结构是居委会的一元治理结构。而现代社区一般是党支部与居委会、社会组织、社区居民、业主委员会、驻社区区各单位等按照职权明细、功能各异组合而成的多元治理结构，社会组织作为政府推动与自我发育相结合的现代社区治理要素，在社区治理中起着很重要的作用。

社会系统理论与需求理论都强调社区各利益主体应加强合作与协调，寻求社区、社会组织、社区居民与市场要素的合作与共建，最终达到社区资源共享、功能互补与能力共建。开福区经通过居委会与社会组织的关系互构，使全区的社区治理结构得到了较好的优化，提升了社区治理水平和能力。

三 主体互构塑造多元合作社区治理结构

社区治理结构是指不同治理主体依靠资源进行互动的、以地域为基础的相互作用模式。[1] 实际上也就是在社区治理过程中，各类组织

---

[1] 张宝锋：《我国城市社区治理结构研究综述》，《华北水利水电学院学报》（社会科学版）2006年第1期。

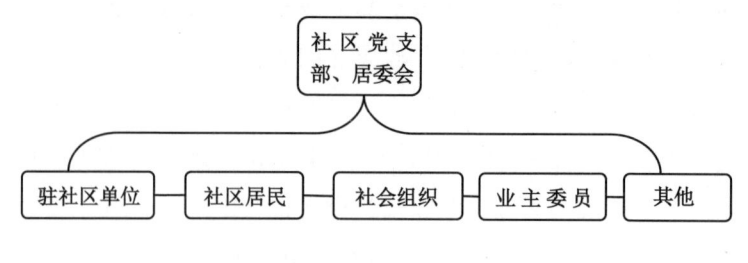

```
              ┌─────────────┐
              │社区党支部、  │
              │居委会       │
              └─────────────┘
      ┌──────┬──────┼──────┬──────┐
  ┌──────┐ ┌──────┐┌──────┐┌──────┐┌──────┐
  │驻社区│ │社区  ││社会  ││业主  ││其他  │
  │单位  │ │居民  ││组织  ││委员  ││      │
  └──────┘ └──────┘└──────┘└──────┘└──────┘
```

图 3-15　现代社区治理结构示意

形成的一种关系结构。从社会管理到社会治理，基础在于形成共同参与的格局，重点在于发挥社区中多元治理主体的参与热情和积极作用。在开福区社区建设实践中，各类治理主体积极参与社区治理，充分发挥各自的主体性作用，塑造了社区治理新格局。

首先，政府积极推动社区建设，出台了一系列有关社区建设的新政策，为社区治理提供了良好的政策、组织、资金、人力保障。如《长沙市开福区 2010—2015 年社会工作人才队伍建设规划》和《开福区社区工作人员管理办法（试行）》，制定了社会工作人才队伍建设的长远规划，明确了社区工作人员的职责权利、福利待遇，规定了人员引进、招聘、培训、考核、激励办法，为社区建设提供了人力支撑和智力保障。《开福区提高社区专职工作人员工资福利待遇的实施方案》提高了社会工作者的福利待遇，稳定了社会工作者队伍，激发了他们的工作热情。《开福区社会组织培育发展与监督管理办（试行）》，明确了社区组织培育、扶持和管理办法，为社会组织的成长以及其参与社区服务提供了很大的帮助。这些政策都快速推进了社区建设，政府也较好地扮演了社区建设"指导者"的角色，积极融入社区建设。

其次，社区居民委员会逐步转变服务理念、方式、平台和手段，高效推动社区治理。社区居委会由"管理"思维逐步转向"治理"思维，由"替民做主"逐步转向"为民做主"，建立和完善社情民意搜集机制，从社区居民的整体需求和个性需要出发，提供大众化、多样化、个体化服务，不断优化社区服务内容。同时，社区居民委员会服务方式趋于社会化和市场化，积极动员社会力量和市场力量，参与社区治理，形成治理合力。各社区大力发展和培育社区社会组织，并使其承接部分社区服务，积极号召和动员社区居民与志愿者参与社区建设，与辖区企事业单位、机关团体建立长期合作关系，不断扩充社区服务资源。这不但增强了社区服务效益，而且提高了社区治理能力。

再次，社会组织快速成长，积极参与社区治理。社会组织在政府政策大力扶持和自身内部建设不断完善的基础上，积极参与到社区建设中。在政府购买社会服务的背景下，专业性社会组织承接了一些政府转业职能和社区公共服务，在社区残疾人照料、残疾人康复与培训、居家养老、司法矫正、青少年教育培养、幼儿早教等领域发挥了重要的作用。草根性社区社会组织也在社区居民委员会的指导和帮助下，有效地调节了社区矛盾，维护了社区治安，保护了社区环境，活跃了社区氛围，丰富了社区生活，为建立文明祥和的社区做出了很大的贡献。同时，开福区建立了社区组织联合会，它通过加强对社会组织的指导、培训、监管，进一步增强了社会组织的能力，使其能够快速地承接社区项目，开展社区服务。

最后，居民社区认同感和归属感增强，积极融入社区建设。一方面，社区建立了居民参与制度，疏通了居民参与渠道，灵活运用了社区民情恳谈会、事务协调会、工作听证会和成效评议会等载体，鼓励社区广大居民和其他群众性组织积极参与社区公共事务、公益性事业决策，居民参与度不断提升。另一方面，不断加大宣传力度，形成"社区是我家，情系你我他""社区是我家，建设靠大家"的良好氛围，强化居民的社区意识，激励和激发广大居民参与社区建设的自觉性。此外，建立志愿服务"积分兑换"机制，居民通过参与社区服务获得相应的积分，然后再用积分去兑换自己所需要的服务，这样循环往复，极大地激发了居民的参与精神，增加了居民参与回报。居民、志愿者队伍成为社区治理的一支重要力量。

社区治理本是一个多元的互动过程，是由政府、企业、市民社会、社会组织及公民等多个主体来承担，并由此形成一个以合作、协商和伙伴关系为特征的纵横交错、多向互动的治理网络体系。长沙市开福区在推动社区建设中，强调多元主体互动、合作共治，注重发挥政府、社区居民委员会、社会组织、居民等参与主体的能动性，形成了主体互构、利益相连、资源共享的整体性和网络性社区治理结构，不断推进社区治理体系和治理能力现代化进程。

第四章 社工人才队伍建设与社区服务创新

社区服务是指在各级党委、政府的倡导和推动下,以街道、社区为主体,整合社区资源,动员社区力量,为社区成员提供福利性服务、公益性服务和便民生活服务,不断满足社区成员日益增长的物质文化需要的过程。自1986年民政部倡导社区服务以来,社区服务已经从过去单位制下只是由单位为其职工提供福利转变为由政府和社会共同对所有居民提供服务,由过去只对部分弱势贫困群体服务向社会生活更广泛的领域拓展和延伸,这对于维护社会安定和提高人民生活质量起到了重要作用。

社工在社区服务中,面对的是整个社区的居民,这要求社工通过专业的技巧和方法对社区事务和人际关系进行有效有序的协调,使社区保持健康的状态和良性的发展。因此,社区工作者必须经过专业培训,掌握社会工作的专业知识和组织沟通的技能技巧,树立求真务实的工作态度,具有高度的社会责任感和荣誉感,以居民需求为导向,准确发现社区主要问题和需求,开展有针对性的、个性化的、有效的社区服务。

开福区在长期探索中意识到社会工作人才队伍建设与社区服务创新存在一种相辅相成的关系。就社区服务对社会工作人才队伍建设的重要性而言,社会工作人才队伍建设的出发点和落脚点就是社区服务水平的提高。社会工作人才的服务能力就是通过社区服务质量来衡量;社会工作人才队伍发展的成果最终是要靠社区服务的发展状况来检验。就社工人才队伍建设对于社区服务的重要性而言,社工人才队伍是社区服务的载体,是社区服务创新的动力源泉,社工人才的综合能力素质直接影响着社区服务水平。因此,开福区政府以社工人才队伍建设为切入点，推动社区服务创新，同时以社区服务创新带动社工人才队伍建设。

通过不断努力和探索，开福区社区服务取得了显著的发展，在社区服务的各个环节都取得了创新和突破。这些成效与社工人才队伍建设密切相关，社工队伍的建设直接推动了社区服务不断创新和发展。

第一节 社区社工推进社区公共服务的发展

社区公共服务是社区服务的基本功能，通常以公共行政管理为载体，其职能包括社区基础设施建设、社区治安、文教卫生、社会保障和就业服务等维护社区居民基本公共权利的各方面。开福区社区公共服务发展的方向在于通过信息化建设提高社区公共服务效率；通过网格化建设提高社区公共服务精确度；通过"五零社区"建设扩大社区公共服务的覆盖面，最终实现社区公共服务更加快捷、更加精准、更加全面。

一 社区社工推进社区公共服务信息化

社区公共服务信息化是由政府相关部门主导，社会和社区有序参与，运用现代通信和计算机技术进行信息化建设的一个过程。社区公共服务信息化是城市社区公共服务和信息化的有机结合，社区公共服务是目的，信息化是手段。社区公共服务信息化是提高社区公共管理效率，使社区服务更周到的一种有效途径。信息化程度的不断加深，有利于完善社区公共服务功能，提高居民生活质量。在社区公共服务信息化建设方面，开福区取得了以下两项成就。

（一）社区社工搭建社区公共服务微平台

随着移动互联设备如电脑、智能手机的普及，智能化程度不断提升，社区不同群体和不同年龄段的居民越来越多地运用社交软件交流。从2006年开始流行的QQ，到微博、微信，社区居民开始习惯用不同方式处理生活中的相关事宜，随时随地都能通过这些社交软件获得信息。正是基于这样的技术条件，开福区社工们抓住机遇，在开福区政府的正确引导下,在各个社区开展了社区公共服务微平台建设。

1. 信息公开平台

及时有效地提供公共信息是社区公共服务的重要内容。为更好地公开社区公共信息,开福区社区在原有信息公开设备的基础上,建立了社区公共微平台,有条件的社区还建立了社区公共网页等信息公开平台。原有的信息公开设备如社区服务大厅的电子显示屏、社区公共服务终端和分布于社区各处的广播等,虽然依然在为社区居民提供社区公共信息,但是由于设备的服务范围有限,因而无法及时有效地传递信息。社区服务大厅的信息公开设备,虽然操作方便、信息量大,但是毕竟设备有限,且居民只能到大厅里来才能使用。社区广播只能在临时通知紧急事项时具有优势,平时的重要信息需要滚动播放。

图 4-1　居民在智能终端机上查阅公共服务信息

开福区的社区工作者们开阔思路,通过微平台建设来推动社区公共信息的传播。微平台包括 QQ 群、微信公众号、微博、网站、贴吧等。QQ 群、贴吧和微信公众号主要是作为居民信息互动平台,信息公开主要是通过微博和网站。微平台开放性强,信息量大,同时又利于随时随地接收信息,适合为居民及时推送公共信息,而且信息能在微博和网页上长期保留,也利于居民对社区信息进行查遗补漏。芙蓉北路街道金泰路社区建设的网站和该街道江湾社区开通的微博就是这其中的典型代表。

图4-2　金泰路社区网站主页

图4-3　江湾社区官方微博主页

2. 居民互动平台

虽然网站和微博为社区居民提供了信息公开平台，但是还需搭建居民与社区之间、居民与居民之间互动的平台。在当下的移动互联智能社交软件中，QQ和微信是使用范围最广泛、操作方式最便捷的互动平台，并且这两款软件的 QQ 群功能和微信公众号功能能有效地将居民"聚集"在一起，从而有利于居民间相互沟通，拉近居民之间距离，融洽社区关系。开福区社区引导居民创建了各种各样的社区服务 QQ 群，开通了以居务公开、通知公告、便民利民及社区特色等栏目为服务功能的微信公众号，打造居民网上家园。社区居民可以利用手机扫描二维码或者添加 QQ 群、微信公众号进入平台，使用文字、语音、图片与社区进行全方位沟通，足不出户就能全面了解社区工作动态、政府的公共服务和周边的便民服务。

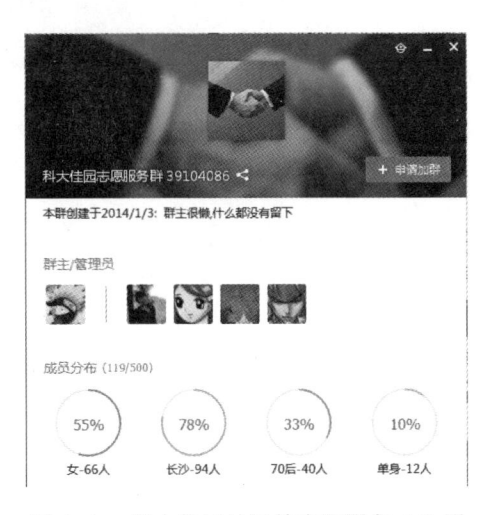

图 4-4　科大佳园社区的志愿服务 QQ 群

（二）社区社工搭建社区公共服务综合信息平台

社区信息化建设是国家信息化发展的重要环节，社区公共服务综合信息平台建设是社区信息化建设的基础工程。社区公共服务综合信息平台是依托信息化手段和标准化建设，整合公共服务信息资源，采用窗口服务、电话服务和网络服务等形式，面向社区居民提供基本公共服务的平台。

1. 开福区社区公共服务综合信息平台建设的过程

在社区公共服务综合信息平台建设之前，开福区已经为该平台的建设打下了坚实的技术基础。一是建立了网络基础。开福区建立了覆盖全区所有部门及街镇、社区的电子政务外网，承载的全区性业务应

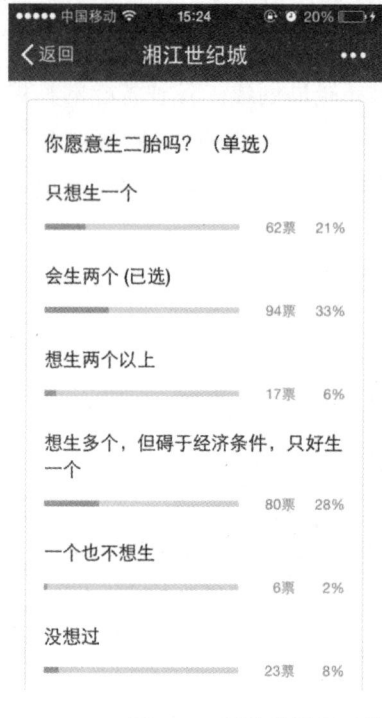

图 4-5　江湾社区用"湘江世纪城"微信公众号发起居民投票和曝光不文明现象

图 4-6　江湾社区网上论坛

用已经超过 50 种，接入单位持续不断增加，骨干链路和重要单位节点带宽为万兆，一般单位接入链路也是千兆带宽。二是奠定了平台基础。为了使公共服务事项更好地延伸到社区，开福区已经建设网上政务服务及电子监察系统，将全区所有行政审批和服务事项均纳入系统进行网上受理和在线办理，该系统运作已经成熟，可以随时向社区延伸。但是，随着移动互联网等新媒体的不断发展，社区居民逐渐需要政府提供更加多样化、便捷化和均等化的公共服务，开福区现有的信息化业务系统已经不能很好地满足要求。

自 2014 年以来，开福区根据民政部的要求，把网格化管理和信息化建设紧密结合，建立并完善了社区公共服务综合信息平台。2014年年底，制订了《开福区社区公共服务综合信息平台建设方案》，提出了包括软件系统开发与硬件支持系统两方面的建设目标。在平台软件系统开发方面，主要包括四个方面的应用及标准化建设：一是政府公共服务方面，主要是改造网上政务服务系统，建立公共服务业务系统、便民信息公开共享系统、政民互动交流系统；二是政府机构创新管理方面，主要是建立社区自治管理系统、综合管理电子监察系统、社区居民网上家园；三是数据共享及分析决策方面，主要是建立政务资源数据共享平台、统一权限管理和安全共享平台、智能化数据决策分析系统；四是标准化建设方面，主要是建立信息采集标准、数据交换标准、公共服务标准、管理考核标准。

在社区公共服务信息平台硬件支撑设备建设方面，开福区在区网上政务服务和电子监察系统的基础上进行架构，购置必要的服务器、安全设备等硬件设施，在区政府中心机房进行集中部署，通过政务外网将平台延伸到街镇和社区（村）使用，在街镇和社区（村）部署服务终端开展事项受理、信息公开和查询等服务。

到 2015 年 2 月 4 日，开福区完成了平台建设招投标工作，继续加快推进系统开发，完成了电子政务应用支撑平台、数据交换平台、信息发布管理平台、短信平台的搭建和网上政务服务系统的改造，开发了便民信息公开共享系统"智能社工"和"信息亭"两个终端政民互动交流系统和社区居民网上家园智能决策分析系统。

随后，芙蓉北路街道欣城社区成为全省首家试运行社区公共服务综合信息平台的单位。目前，开福区将该平台在芙蓉北路街道江湾社区、清水塘街道清水塘路社区、望麓园街道荷花池社区等社区铺开，应用试运行后再逐步向其他街道和社区推广。

2. 开福区社区公共服务综合信息平台的服务功能

开福区按照"总体设计、分步实施；统一平台、分类管理；方便快捷、安全保密；规范标准、创新转型"的建设原则，以区内现有的网上政务服务和电子监察系统为基础，依托现有的区、街镇、社区（村）三级行政服务中心，以服务体验、信息共享和流程优化为导向，有效打破了部门间的信息壁垒，建设起一套覆盖全区三级的，集"六位功能"于一体的、便捷、透明、亲和、智能和安全的公共服务综合信息平台。

"六位一体"的服务功能包括创新管理、协同审批、效能监察、公共服务、信息共享和智能分析。"创新管理"是为社区居委会提供居委会自治管理、日常协同办公等基础信息化支撑；"协同审批"是为提高社区各职能工作人员工作效能提供的一体化功能，主要是使其能跨部门、多渠道为居民办理各项事务和各项审批服务；"效能监察"是能形成贯穿区、街镇、社区（村）的三级监察，提高工作效能和廉政水平；"公共服务"是要求主动及时地为社区居民提供各类公共服务信息和生活信息，为居民群众提供多元化的、亲近友好的公共服务，更大程度地保障公民的知情权、参与权、表达权和监督权；"信息共享"是实现民生数据的有效采集和利用，对政府信息资源进行重新组合和优化配置，实现跨地区、跨部门的共享；"智能分析"是能实现民生数据的有效采集和利用，为政府部门的民生服务和管理提供标准化管理和基于大数据的决策分析支持。

通过社区公共服务信息化建设，开福区社区公共服务取得了显著的成效，实现了社区服务方式的转变。充分使用信息化手段，改进了社区工作方式，创新了社区工作流程，提高了社区工作效率。在社区管理服务中推行各种资源的整合，充分通过信息平台来实现业务流转，提高了社区工作现代化水平。同时，开福区社区公共服务信息化建设取得的成效也为社区网格化管理提供了更扎实的技术支持。

二 社区社工助力社区管理网格化

网格化管理本质上是一种数字化管理模式，依托数字化的平台以及统一的城市管理，利用电子技术绘制网格地图，根据辖区管理、地理布局、现状管理等原则，将管辖地域切分为若干网格状的单元，通过加强对单元网格的部件和事件巡查，对每一个网格实施动态化、精细化和全方位的管理。城市社区网格化管理是网格化管理技术和管理理念在城市社区管理中的具体应用，在保持原有基层行政单位和社区管理体制不变的基础上，将社区作为一个整体，按照一定的标准进行统一的分类和编码，输入网格化管理信息系统，并指派网格管理员随时巡查网格内的情况，从而实现城市社区管理的主动化、动态化和精细化。

（一）社区社工对于社区管理网格化的意义

城市社区网格化管理不是为了将传统城市社区管理进行本质上的改变，而是通过一种管理模式上的创新以对社区基本要素进行重新组合，从而能实现重整资源、再造流程、提高服务质量和管理效率的目标。在这一过程中，社区社工的任务较为重要，因为网格化管理模式的探索，是首次将直面居民的社区部分职能下沉给网格，在一线社工的组织层级下还增加了网格员一级，对于社区社工来说是一次新的挑战。

开福区社区管理网格化的发展得到了社区社工的大力助推，得益于社区社工人才队伍建设的积极成效。在助力开福区社区管理网格化方面，开福区社区社工起到了以下三点积极作用：一是助力网格资源整合。由于社区社工对社区的情况了如指掌，因此在开福区进行网格划分、网格员配置以及网格化管理等方面需要社区社工的配合。二是有效对接网格员。网格员是网格化管理体系中的一线工作人员，其日常工作的督导离不开社区社工的努力，而对于网格员力所不能及的事件，也需社区社工及时地对接处理。三是搭建网格化社会服务信息平台。为更好开展社区管理网格化工作，开福区建设了网格化社会服务管理信息平台，社区社工成为这一平台的重要搭建者，构成完善平台功能的重要环节，对有效发挥该平台的功能起到了重要作用。

(二) 开福区社区公共管理网格化建设

党的十八届三中全会通过的《中共中央关于全面深化改革若干重大问题的决定》提出，要改进社会治理方式，创新社会治理体制，以网格化管理、社会化服务为方向，健全基层综合服务管理平台。网格化管理就是社会治理机制的一种创新。第一，它以主动发现问题和解决问题的方式将过去被动应对问题的管理模式进行了变革；第二，由于管理对象、过程和评价都是数字化的表现形式，因此它是管理手段的数字化，可保证管理活动的精确和高效；第三，它不仅具有一整套规范统一的管理标准和流程，而且发现、立案、派遣、结案四个步骤形成一个封闭环，能进行规范化管理。

开福区在社区网格化管理方面，坚持系统治理、依法治理、综合治理和源头治理，将全区101个社区和30个行政村划分为473个网格，并统一编码，建立起部门、街镇、网格间快速反应、联动处置的后台保障机制。随之形成了区、街镇、社区（村）、网格四级管理服务层级，组建了"1+5+X"的网格管理服务团队。其中"1"代表单元网格，"5"代表网格管理员、网格民情员、网格监督员、网格治安员和网格党支部书记或党小组组长五种力量，"X"代表以楼栋长队伍、党员志愿者队伍、信息员队伍为主的社会力量，共同履行"党建工作、城市管理、社会治安、人口管理、公共服务、信息采集、矛盾调处、社会参与"八项职责。在社区层面，网格化工作流程如图4-7所示。

截至2015年年初，社区网格解决了开福区85%的社会问题。统计数据显示，开福区自实施网格化管理以来，全区网格共收集办理各类问题1.2万余件，办结率87%，群众满意度达到90%以上。[①] 与此同时，网格化采集487753位实有人口、32068栋房屋、9904个单位（其中机关企事业单位480个）、2138个城市部件的基本信息和412578条民情信息，有效解决了过去"底数不清、情况不明、信息

---

① 参见《小社区打理好"大社会"》，《长沙晚报》2015年1月20日第12版。

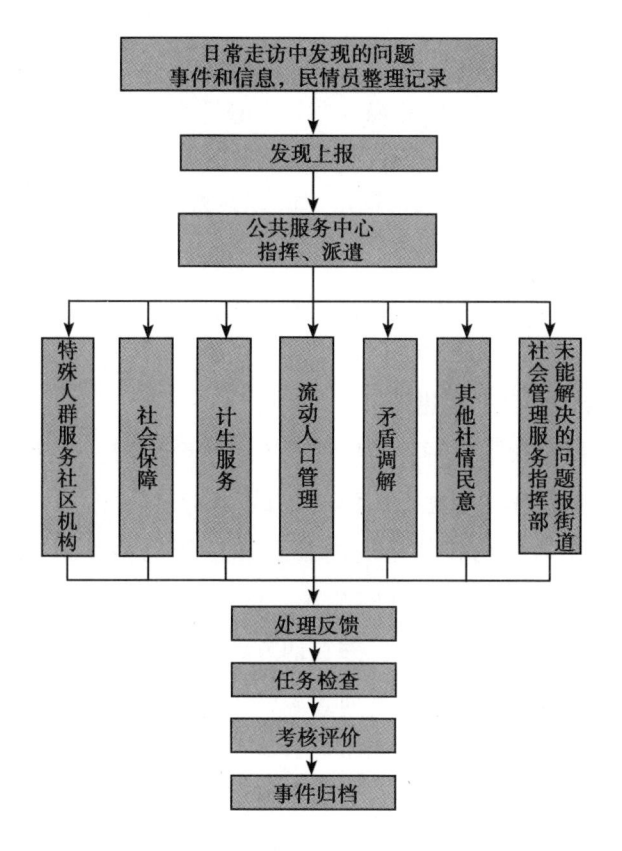

图 4-7　开福区芙蓉北路街道欣城社区网格化工作职责流程

不灵"的问题。自实施网格化管理以来,全区万人发案率、百户发案率均保持全市较低水平,全区可防性案件、火灾警情较以往均有大幅度减少。

(三) 开福区网格化社会服务管理信息平台建设

开福区网格化社会服务管理信息平台(以下简称"网格化信息平台")是开福区社区网格化管理的重要依托,它通过充分发挥社区居委会和公共服务中心的作用,对网格信息实时上报、动态更新、深度挖掘和综合运用,真正做到了"社情民意早知道、早化解、早回复",实现了"身边事不出网格,小事不出社区,矛盾纠纷不上交"。

1. 网格化信息平台基本情况

网格化信息平台具有信息采集、人口管理、社会治安、城市管理、矛盾调处、公共服务、基层党建、经济管理等功能,使用范围覆盖了全区相关职能部门、17个街镇、101个社区和30个行政村、473个网格。信息平台建设由开福区信息中心牵头组织实施,开福区创新办协调推进,区相关职能部门及17个街镇为实施单位。该系统于2012年7月1日正式上线,一年之后就已为群众解决民生问题18727件,排查化解各类矛盾纠纷1938件,矛盾调处成功率达到80%以上,累计收集民情日志250603件,事件台账50611件,上报业务事件6302件。①

2. 网格化信息平台建设过程

开福区网格化信息平台的建设经历了三个阶段,包括两期软件系统开发、区级指挥中心建设、PDA的试用和社区平台的建设。

第一阶段为一期软件系统的开发和区级网格化指挥中心建设。2012年7月完成了一期软件的开发,总投入95万元,完成了基础数据平台、监督指挥系统建设,并在四方坪街道、芙蓉北路街道进行试运行。区级网格化指挥中心总面积160平方米,主要包括大屏幕显示系统、网络传输系统、人工座席、会议系统、照明系统、UPS电源系统,总投资500万元。其中,大屏幕显示系统由36块46寸液晶显示屏拼接而成,能满足指挥调度各类多媒体信号显示切换需要,网络传输部门采用千兆骨干交换机,由5楼信息中心机房连接至10楼指挥中心机房。

第二阶段为二期软件系统的开发及移动PDA的试用。2013年10月完成了二期软件开发,总投入650万元,主要完成网格管理子系统、基础数据子系统、社会综合管理子系统、监督考核子系统、网格化经济单位管理系统、移动终端系统六大子系统建设,并在全区所有街镇推行。同时,开展移动终端的试用,于2013年9月采购了50台移动PDA(Personal Digital Assistant,即个人数字助手,主要提供记事、通讯录、名片交换及行程安排等功能。)下发给四方坪、芙蓉北路、伍家岭、通泰街四个条件成熟的街道试用。PDA为电信公司定

---

① 数据引自《开福区网格化社会服务管理信息平台建设基本情况报告》(2014年)。

第四章 社工人才队伍建设与社区服务创新

图 4-8 网格化信息平台指挥中心

制，免费提供，每个月的通信费约 200 元，主要包括 1G 的流量、600 分钟的免费通话、60 条每月的免费短信及带 GPS 定位功能。此外，为确保信息系统安全、高效运行，添置了 10 台高性能的服务器，购买了负载均衡用来存储备份、数据库审计的设备。

图 4-9 PDA

第三阶段是在一、二期建设成果的基础上，进行信息平台应用系统功能的深化和延伸，与上海一门式政务研发中心合作，在社区建设信息平台。

3. 网格化信息平台运转模式

开福区网格化信息平台运行调度指挥模式主要按照"三级平台、四级管理"的模式进行上下联动运转，其中"三级平台"是指区指挥中心、街道分中心、社区工作站三级平台，"四级管理"是指区、街、社区、网格四级服务管理。

如图4-10所示，区级社会服务管理中心是全区网格化服务管理工作的指挥中枢，承担数据汇总、事件派遣、处置反馈、决策支持、考核评价的职责。街道社会服务管理指挥分中心的职能是完成区委、区政府交办的社会服务管理各项任务，统筹街道辖区内社会建设、社会防控、矛盾纠纷化解、社区工作指导、重点地区整治等工作。社区社会服务管理工作站的职能是发挥社区居委会和社区服务站的作用，依托信息平台，通过分析掌握各种信息，制订工作方案，组织调配力量，发挥各方合力，对重点的人和事、重点部位场所开展工作实施管理。

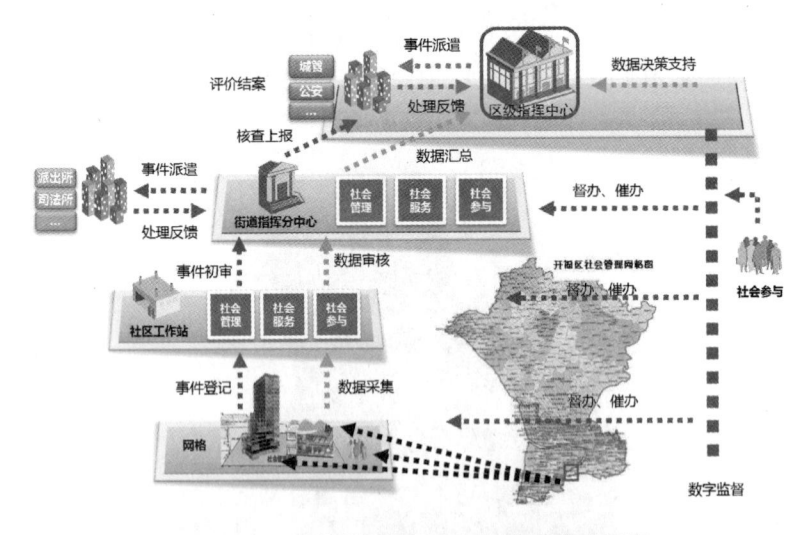

图4-10　网格化三期平台四级管理模式示意

信息平台运行模式设计遵循电子政务框架分层设计思想，从顶层服务到底层环境将网格化社会服务管理信息平台总体框架划分为五个层次，如图4-11所示，由上自下依次为表现层、业务应用层、应用支撑层、数据库层、基础设施层。

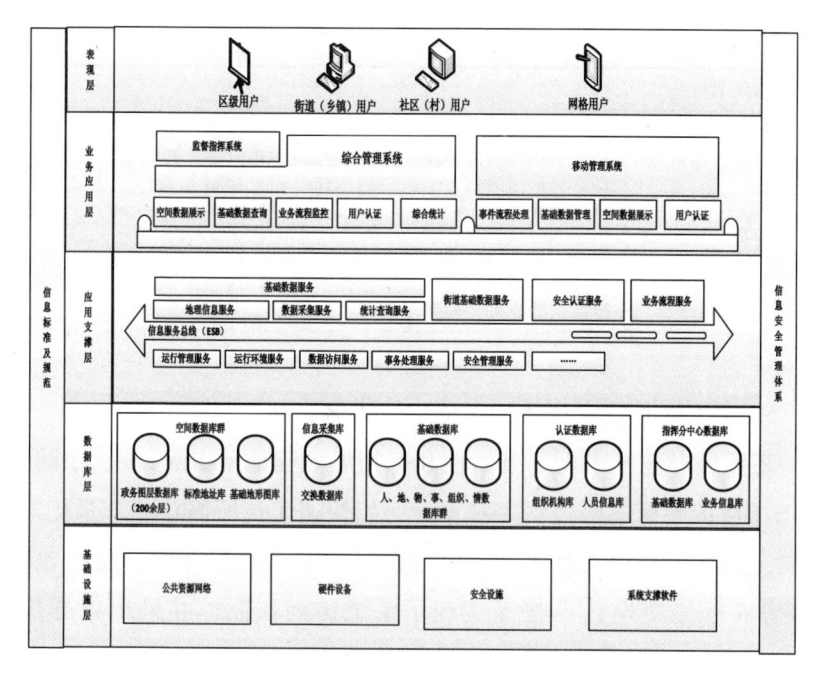

图 4-11　网格化社会服务管理信息平台框架

4. 网格化信息平台系统功能

网格化信息平台系统主要由网格管理系统、基础数据系统、社会综合管理系统、监督考核系统、网格化经济单位管理系统、移动终端系统六个子系统组成，顾名思义，这六个子系统对应的服务职能就是网格管理、基础数据处理、社会综合治理、监督考核、经济单位管理和移动终端服务。具体功能如表 4-1 所示。

表 4-1　　　　网格化社会服务管理信息平台系统功能

系统名称	具体功能
网格管理系统	主要实现网格划分管理功能，主要是区级管理员用户使用
基础数据系统	实现对人、地、事、情、物、组织等基础数据的录入、查询、更新、导入导出、交换共享功能，网格工作人员、街道用户、区级用户都需要使用该功能
社会综合管理系统	实现城市管理、社会治安、人口管理、公共服务、基层党建、矛盾调处类事件的上报；协同处理功能，区级用户、街道级用户、社区级用户、网格级用户都需使用该功能
监督考核系统	主要为领导提供整个系统运行数据统计分析，为考核决策提供依据

续表

系统名称	具体功能
网格化经济单位管理系统	通过整合税务、工商、财政、统计等业务部门数据，结合网格员日常核查、动态更新，将辖区内的企业、重点项目和个体工商户经济数据信息纳入平台管理，辅助领导决策并为各业务部门提供共享数据源
移动终端系统	主要实现网格工作人员对网格内事件、基础数据的采集、上报，对网格基础数据进行实时数据查询，同时也可以通过移动终端进行数据的查询、地图定位等

5. 系统核心技术和系统安全运行情况

系统核心技术采用了灵活性和可拓展性强的 webservice、中间件、XML（可扩展标志语言）等技术，可以快速实现所需功能。系统安全方面，系统运行在具有较高安全性保障的电子政务外网，通过 MPLS（多协议标签交换）等技术实现了系统访问控制，并采用集群技术（用于应用服务器）、双机错容技术（用于数据库服务器）、网络安全技术（防火墙、网闸、防毒系统、入侵检测技术）、数据安全技术（磁盘阵列、磁带库备份）等先进的技术确保系统数据、应用安全，服务器还纳入了华中测评中心的 SOC 网站安全监控平台，对服务器实行 24 小时安全监测。

三 社区社工推动社区公共服务全覆盖——"五零社区"建设

信息化和网格化为开福区社区公共服务的发展提供了技术支撑，但是社区公共服务是一项复杂而琐碎的工作，需要全面系统地开展和覆盖。因此，为进一步推进社区治理，增加居民幸福感，创建和谐社会，开福区开展了"五零社区"建设，旨在积极创新工作机制，全面提升社区公共服务水平，确保社区和谐稳定，探索建立具有开福区特色的社会管理服务体系。

（一）"五零社区"的内涵

"五零社区"即服务零距离、安全零事故、环境零污染、治安零案件、居民零上访，其基本内涵是以为民、便民、惠民为宗旨，通过帮扶结对，为居民提供多元化、精细化、个性化服务，从而全面提高社区公共服务能力，增强社会管理能力，达到维护社会稳定和谐、增加居民幸福感、巩固党的执政基础的目的。

"五零社区"的提出为社区公共服务建设厘清了思路，这五个方面不仅是社区公共服务的基本职能要求，也是与居民生活息息相关的基本要素。"五零社区"建设既是社区公共服务建设的目标，也是评价开福区社区公共服务水平的标准。

（二）"五零社区"的措施

开福区自推行"社会管理社区化、社区服务社会化"模式以来，始终以"问题"和"需求"为社会管理工作导向，致力服务零距离、安全零事故、环境零污染、治安零发案、居民零上访的"五零"目标，要求各级各部门与社区一道能切实把握多样化的群众需求和多元化的群众利益，多干暖人心、惠民生的事。

1. 开福区"五零社区"建设的内容

一是建档备案，全面掌握居民信息。按照"一户一档、一事一表"要求，对社区居民的家庭人口、经济收入、健康状况、主要社会关系及人际关系、就业、受教育程度、计生、医疗等方面信息进行全面收集。加强动态管理，及时更新信息。各责任网格实行专人保管信息档案，加强保密工作，确保重要基础信息的安全。

二是走访群众，全面搜集社情民意。大力开展"进百家门、知百家事、解百家忧、暖百家心"活动，走访群众，了解社情民意；走访困难户，问生活需要；走访经济大户，问致富经验；走访老党员，问社区发展建议等。对于低收入居民、残障人士等特殊群体每月上门走访不少于一次，全面了解群众情况，准确掌握群众诉求。

三是防微杜渐，全面排查化解问题。进一步健全民情员走访制度，加强人民调解工作，充分发挥综治工作重心作用，将排查出来的矛盾纠纷和问题隐患及时登记建档，明确措施，坚持就地化解原则，随时就地化解基层群众的不满情绪，第一时间化解矛盾纠纷，实现矛盾化解初始化。

四是灵活机动，及时高效上报处理。对于网格内发生的各类事件，及时进行处理，处理不了则及时上报至社区或街道，并跟踪事件进展情况。上报形式要坚持实用高效、便于工作的原则,在利用"PDA"手机终端的基础上,采取照片、短信、视频、电话和口头汇报等多种形式,确保信息及时报送;对突发性事件或紧急事件,优先采取电话上报的形式及时上报,也可视具体情况同时告知其他部门。

2. 开福区"五零社区"建设的具体工作方法

要将"五零社区"建设落到实处,就需要有具体可行的工作方法。结合开福区社区服务、安全、环境、治安和居民上访五方面存在的问题,开福区制订了如表4-2所示的具体工作方法,要求街道、社区和网格严格执行。

表4-2　　　开福区"五零社区"建设的具体工作方法

建设要求	工作方法
服务零距离	①对流浪乞讨人员、路倒死亡人员、受灾人员、弃婴问题进行社会救助; ②定期走访空巢老人家庭,帮助解决生活困难; ③定期走访残疾人家庭,帮助解决生活困难; ④定期走访刑释解救人员和社区矫正人员家庭,帮助刑释解救人员和社区矫正人员进行户口登记、变更,申请廉租房、低保等; ⑤帮助辖区困难居民申请法律援助; ⑥对单亲家庭、一家多人下岗等困难群体就业、再就业进行帮助;对有求职愿望的劳动者在就业指导和工作介绍方面进行帮助; ⑦对流动人口登记办证、居住、就业、就医、计生服务、子女的就学等方面进行帮助; ⑧对"三无"老人、路倒病人、突发重大事故伤亡人员进行医疗救助
安全零事故	①对门面招牌残缺破损、不规范的问题及时整改; ②对主次干道、人行路面破损,下水道井盖缺失的问题及时反馈进行整改; ③对违反有关规定,乱搭乱盖、擅自建房的行为及时反馈; ④对道路新扩、改建未设置施工标识牌及完工未清场的行为及时反馈; ⑤对建筑安全事故隐患不采取措施予以消除,施工企业管理人员违章指挥、强令职工冒险作业而发生重大伤亡事故或造成其他严重后果的行为及时反馈; ⑥对物业公司管理中出现侵害业主利益的行为及时反馈
环境零污染	①对主次干道、大街小巷暴露垃圾进行及时清扫; ②对公厕墙面污迹、地面污水满溢进行及时清理; ③对运输渣土、垃圾和其他流体车辆污染城市道路的问题进行及时整改; ④对主次干道、大街小巷构筑物体及其他物体上乱贴、乱画、乱挂的物体进行及时的清理; ⑤对因垃圾及物体压占造成明渠淤塞阻碍排水的问题进行及时整改; ⑥对餐饮油烟、锅炉和窑炉等产生的烟尘、异味造成居住环境污染的问题进行及时整改; ⑦对工业生产、社会生产和建筑施工产生的噪声干扰周围生活环境的行为进行及时整顿; ⑧对违反规定排放废水导致环境污染的行为进行及时整改

续表

建设要求	工作方法
治安零发案	①及时举报刑事犯罪案件线索； ②及时举报存在的突出治安问题和治安隐患线索； ③对无证犬和流浪犬依法处理； ④对违规经营旅店、印章等特种行业进行整顿； ⑤及时举报赌博违法行为； ⑥及时举报吸毒违法行为； ⑦对单位和个人违反规定生产、保管、储存、运输危险易爆物品的行为进行及时整改； ⑧对非法贩卖、运输、携带管制刀具的行为进行举报
居民零上访	①对在拆迁中采取违规手段侵害拆迁人合法权益的行为及时处理； ②在拆迁安置问题上做到及时沟通、信息公开、群众满意

（三）"五零社区"的典型

"五零社区"建设是一个立体的工程，不只是在某个社区、某个街道进行，而是从全区纵深到所有街道和社区，再从街道和社区两级横向覆盖，做到每个街道都是"五零街道"，每个"五零街道"下面都是"五零社区"。在开福区"五零社区"创建过程中，涌现出了芙蓉北路街道和该街道的欣城社区这类典型，为全区其他街道和社区提供了借鉴。

1. 典型街道——芙蓉北路街道

芙蓉北路街道是开福区率先建设"五零社区"的试验街道。在街道层面，芙蓉北路街道建设了网格化公共服务指挥中心，依托网格化管理，制订了"五零街道"建设方案，对"五零社区"建设进行了有效创新与实践，全面提高了社区公共服务水平。

芙蓉北路街道三面环水，又称"江湾半岛"。辖区东至京广铁路，西邻湘江，南起浏阳河，北至捞刀河，下辖7个社区，总人口54027人，其中常住人口44027人，流动人口9808人，境外人口192人。近年来，经济的发展和城市化的推进使街道人口高速增长，复杂的居民成分给社会治理增添了阻力。为破解高层楼盘管理难题，2012年，该街道创新网格化社会服务管理，把辖区划分为32个网格，由社区专干担任网格民情员。随后，在区委、区政府的大力支持下，为全面提高社区治理与服务水平，该街道对网格进行全面升级，实行了"1+

5+X"服务治理新模式,开展了"服务零距离、安全零事故、环境零污染、治安零发案、居民零上访"的"五零"街道建设。具体做法如下:

在强化网格力量方面,面向社会广纳贤才,通过层层把关、精挑细选配齐了专职民情员。与此同时,优化了网格职能,创新了"1+5+X"新模式,并对网格信息重新采集录入。网格民情员深入群众,上门入户,对每个家庭的人口、经济收入、健康状况等方面信息进行全面采集,困难户的衣食冷暖、残障人士、空巢老人、刑释人员等特殊群体的所需所求情况都在案在册。

在升级网格硬件方面,集中网络技术,充分运用集成应用数据挖掘、GIS、物联网、云计算、移动互联网等现代技术,以网格化信息平台为载体,全面摸清网格基础信息,体现"底子清、情况灵、反应快"的工作特色。每名专职网格民情员配备1台PDA手机,在走访服务群众中采集的基础信息,与信息中心连接,通过PDA传入信息系统,随时随地调取信息,方便处置各类事件。连接天网工程,主动与公安系统对接,将网格化信息平台与天网工程连接,进一步完善网格服务设施,加强网格治安管理。

在完善网格软件方面,制定了网格手册,明确了网格化管理服务部门职责,分级确定责任部门、工作要求、职责权限和办结时限,建立定期联席会议制,在信息交互的基础上协调处理网格事务。随后,健全完善了"五零"方案,确定了"五零"目标,分解了"五零"内容,为打造"五零"街道提供了切实可行路径。完善了考核机制,加强了考核监督,做到有奖有罚,对工作成绩突出的民情员予以奖励,对工作不实的民情员将启动问责机制。

通过夯实网格基础,建立台账制度,摸清各种事件、各类人员情况,全面掌控网格动态,形成了问题化解、矛盾处理不出网格的良好局面,逐步实现了"五零"目标,成为开福区"五零社区"建设的典型,具体实效如下:

首先是实现了问题处理在网格。一是将矛盾化解在网格。祸患常积于忽微,矛盾常现于邻里,网格民情员深入网格,发现矛盾,及时将其化解在网格之内。二是将纠纷调解在网格。共同生活在一座城市、居住在一个小区，居民之间、商家之间等各社会成员的来往难免会有纠纷，网格民情员担当好了"和事佬"的角色，将大多数的纠纷调解在了网格之内。三是将隐患排解在网格。网格内门店、旅馆、学校、幼儿园、购物中心、汽车站等人口密集地安全隐患较大，民情员排解隐患不分大小，一个井盖的破损、一片瓷砖的掉落都不放过。2014年，在网格内共处理各类问题1289件，办结1231件，办结率95.5%，群众满意度达95%以上。

其次是实现了居民主动找网格。网格民情员上门入户，切实为居民处理问题、化解矛盾，取得广大居民的信任，赢得了支持。原来是民情员主动去发现问题和矛盾，而现在是居民主动找民情员反映困难和问题。一是遇到困难找网格。为更方便解决辖区内空巢老人、残疾人、80岁以上高龄老人等特殊人员的需要，仅2014年11月就为15位特殊人员安装了"大眼睛""手腕表"。2014年，先后为贫困家庭、孤寡老人、留守儿童和特殊疾病患者家庭募集善款帮贫扶困近300人次。二是有了需求找网格。欣城社区2号网格居民想拥有公共阅览室，为此找到了网格民情员，有多方共同努力下，2014年11月13日，成立了属于自己小区的"滨江美寓小区阅览室"。三是发现违法找网格。安置小区管理不规范，高楼层楼盘难管理，难免有个别违法行为发生。2014年10月17日，福城社区5号网格居民找到民情员，反映小区有吸毒人员，民情员立即通过PDA终端向信息中心反馈，中心迅速组织人员上门劝说，并与民警对接，在各方共同努力下，吸毒人员同意到市戒毒所强制戒毒。日积月累，居民发现找网格确实是解决问题的有效途径，于是越来越多的居民主动找到网格来反映问题。

最后是实现了共建共享出网格。一是夯实了民生数据基础。街道共有失业人口28人、空巢老人30人、80岁以上老人278人、残疾人44人、享受低保50户、优抚对象3人、育龄妇女17709人。有了扎实精确的基础数据，才能更好地开展社会事务、计生、经济等各项工作，迅速处置突发情况。二是确保了打传摘牌。打击非法传销是社会综合治理的重要工作，2014年，芙蓉北路街道通过网格化进行摸排，联合工商、派出所等相关部门共出动执法人员880余人次，累计处理传销投诉举报69起，捣毁传销窝点230多个，查处传销案件200余件，劝返遣散传销人员850多人，刑事拘留40余人，有力地维护了社会稳定。三是助力城市管理。开展精美城区建设以来，网格化中心积极收集群众意见、摸查情况，发挥重要作用，使工作做到有的放矢。

2. 典型社区——芙蓉北路街道欣城社区

芙蓉北路街道欣城社区是开福区率先创建"五零社区"的试点社区，该社区结合开福区"五零社区"工作要求，在芙蓉北路街道创建的"五零街道"的指引下，结合社区实际开展了"和谐大本营"活动，不仅有效提高了社区公共服务质量，还得到了上级领导的充分肯定。具体做法如下：

（1）"和谐大本营"之服务零距离

①坚持将开展服务的出发点和落脚点根植于群众需求中，通过加强网格管理、记录民情日记、听取民意反馈等多种方式，构建纵向到底、横向到边的服务网格，扩大服务外延，零距离了解民愿民盼，面对面收集民声民意。根据不同人群划分不同的星级服务标准，努力提供更具针对性的服务（见表4-3）。

表4-3　　　　　　　　　星级服务评定标准

星级	标准类别	走访频次
五星	低保、重残、重病人员、空巢老人、独居老人	每月走访一次
四星	低保边缘家庭、3—4级残疾人员、重点人员、失独家庭	每两月走访一次
三星	双下岗家庭、单亲家庭、离退休人员家庭	每季度走访一次
二星	单下岗家庭、轻微病患者家庭	每半年走访一次
一星	一般家庭	每年走访一次

②以满足居民群众基本生产生活服务为重点，通过加强服务设施、构建服务平台、优化服务机制推进公共服务事项，实现公共服务

均等化，形成公共服务体系。

表 4-4　　　　　　　"和谐大本营"服务体系一览

服务项目	服务内容	负责人
社会保障服务	办理医保、养保	罗艳芳
就业创业服务	就业培训，推荐就业	罗艳芳
帮扶救助服务	办理低保，困难救助	罗艳芳
计生办证服务	生育证、独生子女证	周　阳
优生优育服务	免费孕检、妇检、药具发放、孕产妇随访	周　阳
流动人口服务	办理居住证，与常住人口享有同等服务	盛涅菡
便民维权服务	矛盾调解、维护权益	李　莉
党建工作服务	党员服务、活动	李　莉
宣传倡导服务	组织活动、讲座，发放宣传品、宣传手册	杨　微
中老年人服务	五老四教、妇联活动	伍春花

③针对小区内困难群体和弱势群体，社区坚持用真情实感联系群众，用真心服务凝聚群众。组织居民开展志愿服务，实行一对一帮扶，帮群众解决问题，在为民解困中改善民生，凝聚人心。

④通过宣传"社会主义核心价值观"，营造"志愿者文化"，广泛开展文明创建和社区文化活动，设立"欣语欣愿"墙，借助网络微信平台汇集民意，了解群众所想所愿，培育居民主体意识，凝聚群众人心。

（2）"和谐大本营"之环境零污染

为了使社区人居环境更整洁优美，社区将改善环境卫生状况作为重点，通过建立服务团队开展宣传活动，组织在职党员、社区志愿者开展学雷锋活动，监督物业管理工作，使社区居民充分认识到美好生活和绿色家园需要全体居民的共同维护，共同打造环境零污染的绿色社区。

①建立以社区为主导，民情员、物业公司、社区志愿者、居民为辅助的服务团队，包括日常巡查队、环境护卫队、党员服务队、雏鹰小分队等，负责社区环保爱卫活动的组织、实施、检查，进一步优化社区人居环境。

②社区通过讲座、宣传、倡议等形式提升居民爱护环境卫生的理念，促使居民积极参与、支持和拥护社区环境卫生整治工作，建立"民主、文明、和谐"的绿色社区。

③将创建"和谐大本营"与"精美城区建设"工作紧密结合，联合城管部门对辖区门店招牌进行整治，加强对辖区内的环境卫生、店外经营、沿街晾晒、玻璃贴纸、牛皮癣等问题的全面整改，进一步改善了社区的人居环境，同时也营造了优美舒适、整洁有序的城市环境。

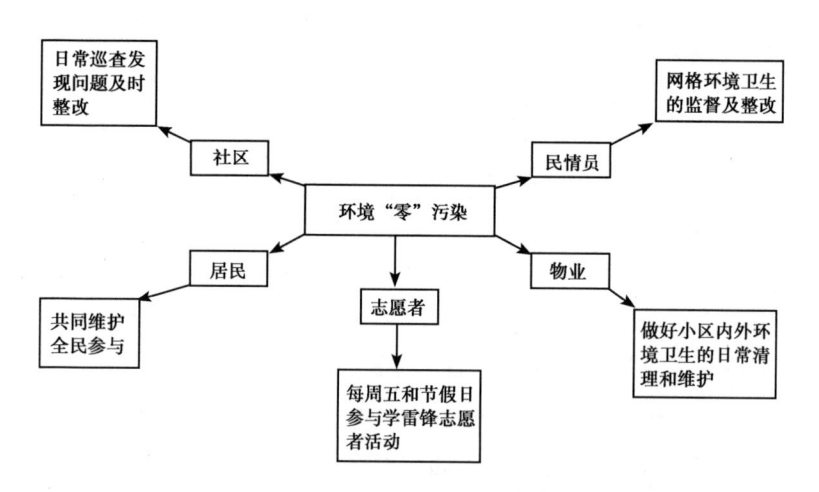

图 4-12 "和谐大本营"环境零污染工作机构

（3）"和谐大本营"之安全零事故

欣城社区为了建立"一网多格、一格多员、全员参与、责任捆绑"的全新安全生产管理新模式，解决社区安全管理人手不够、力量不足的问题，实现安全生产管理政策集成、资源集聚、力量集合，发挥"单兵是尖刀、整合是拳头"的工作效果，促进社会的和谐稳定，从以下几个方面开展了安全零事故工作：

一是以宣传强意识。为营造安全、和谐的社区环境，社区通过发放宣传资料、举办主题文艺晚会、消防演练等活动，做到广覆盖、浓氛围、全知晓，进一步增强群众的安全创建意识，提升居民的安全感满意度。

二是以巡查除隐患。社区建立日常巡查制度，落实巡查责任，并在网格民情员的带领下，每日定时对社区的幼儿园、消防通道及网吧等重点部位的各项安全和防范措施做到及时检查和反映，将安全隐患消除在萌芽状态，防患于未然。

三是以联动保平安。社区积极整合资源，与派出所、街道等相关职能部门协调，建立联动机制，成立物业联谊会，并定期召开会议，分析解决平安建设中的难题，共创平安和谐社区。

四是以参与筑平安。社区积极发动辖区物业及居民群众，组建了物业联谊会、自治委员会、五老志愿者服务队等队伍，通过共同治理，形成全民参与、共创安全的良好工作机制，确保社区"安全、健康、和谐"。

（4）"和谐大本营"之治安零发案

欣城社区在各级党委和政府的统一领导下，经过社区工作人员的沟通，联合各小区及物业公司，与群众紧密联合达成治安综合治理及预防的共识，发动人员成立志愿者治安巡防队，获得了广大群众的一致好评及参与。不仅社区青壮年积极参与，连很多身体硬朗的居家老人也积极支持并踊跃参与进来，与年轻人一起为小区、为居民做力所能及的事情。为加大对犯罪行为的打击力度以及预防，社区号召各小区加大监察力度，并出资出力打造了全社区无死角监控，提高了对犯罪行为的震慑作用，增强了治安工作力度。在各级党委和政府的统一领导下，社区打造了一支有组织、有纪律、有意识的治安安全团队，联合各职责工作人员、群众和各志愿者，防患于未然，做到治安零发案。

（5）"和谐大本营"之居民零上访

全力打造"和谐大本营"社区，秉承着"纠纷解决在社区"的宗旨，全力做好社区调解工作，为居民纠纷做综合全面的调解服务，化解社区邻里矛盾，做到"排查、调处、防控、宣传教育"四到位，促进社区和谐建设。

第二节 社工人才推动社区公益服务快速发展

社区公益服务是指在社区范围内，以非政府的形式进行的一切公益活动的总和，具有非营利性、非强制性、救助性和社会性的特征。当前，行政化和社会化双轨体系格局仍然是我国社区公益服务的运行特点。行政化公益服务是指政府办福利事业，即公办福利，具有政府保障、资源充足的特点；社会化公益服务是指社会办公益事业，即民办公益，靠的是自筹资源、自谋生存。其中，民办公益让人们在传统的、行政化的公办福利之外看到了一种新的模式，因为它能追求更加广泛的社区公共目标，倡导人性化专业服务，组织公众参与。

行政化公益服务时常与具体的社会需求脱节，封闭的行政化运作容易造成服务主体的利益集团化倾向、行动以及资源使用上的低效率等。因此，开福区创新社区公益服务模式，通过简政放权，明晰政府与社区的公益服务职责，鼓励社会力量参与，推动民办公益的发展，同时扩宽了社区公益服务领域，丰富了社区公益服务的内容。

社工人才队伍在开福区社区公益服务的发展过程中，通过对居民需求的了解和发掘，细化了服务对象群体，随之因需行事，细化了服务方式，从而提高了公益服务的质量。社工服务机构为了更好地服务居民，增强机构生命力，在民办公益的发展中探索出公益性与市场化相结合的道路。

一 政府与社工公益服务管理机制的优化

社区公益服务机制的优化在于管理机制的优化，更多地取决于政府、社区、公益服务机构、社区居民等相关各方有组织地参与和互动，而问题在于如何把这些参与主体组织起来。开福区政府在不断探索中发现，协调不同主体参与到社区公益服务的集体行动中来才能使社区公益服务机制得到优化。只有通过相关方的协商参与和不同资源的应用整合，转变政府和社区的公益服务职能，才能创新社区公益服务机制。

(一) 政府公益职责明晰

过去，由于计划经济时代单向度行政化社会治理模式的影响，社区社会公益服务长期是由政府包办，因此，在这种模式影响下，社区公益服务的主体单一、服务方式单调。随着社会经济不断发展，社区居民的需求不断更新，政府包办的一元化单向度模式已经不适应社区公益服务的发展要求，因为单一的公益主体无法调动其他社会力量参与社区公益服务的积极性，不能把更多的服务资源引入到社区公益服务中来，更谈不上服务方式的转变。不仅如此，政府包办公益还增加了政府的负担，分散了政府履行公共职能的精力。久而久之，社区公益服务缺乏活力，成为政府的"鸡肋"、社区的"软肋"，所以，转变政府职责，引入社会力量的参与显得越来越重要。

因此，政府作为最大的公益机构和最重要的公益服务责任主体，应该在保持其公益服务职责的基础上，将社会力量引入社会公益服务的操作层面上来。开福区政府意识到，社会公益服务的社会化是执行上的社会化，而不是主要职责的社会化。执行的社会化意味着政府有必要更多地退出直接服务领域，简政放权，这样才能为社会化社区公益服务让渡空间，并通过契约性的"委托—代理"方式将具体的服务工作以及相应的公共财政资源转交给社会公益组织。

开福区在承担社区公益服务过程中，将资源的利用、调控和引导作为职责重点，把用于社区公益服务的财力资源通过公开、公正的政府购买方式进行招标，随之公平地注入公办福利机构和民办公益机构，科学地引导社区公益服务质量和效率的竞争，使得政府承担责任的方式更多地转向对公益服务的规划、调控和补缺。在开福区政府看来，提高自身对于公益资源的有效引导能力和宏观调控能力比参与社区公益服务更重要。

(二) 社区公益职能明确

社区居委会在过去一段时间内，长期被误认为是一级政府机关，因为在过去计划经济时代影响下的政府行政结构模式下，社区居委会承担了许多基层政府应该承担的职能。那个时代的社区居委会对待社区公益服务也是一种大包大办的态度，可以说就是政府包办公益的延伸，公益服务的方式也大多是完成上级政府布置的任务而已。鉴于此，开福区不断探索，发现只有转变社区公益服务职能，才能优化社区公益服务机制。开福区各社区居委会将具体的社区公益服务事务和活动下放给居民及其孵化的社区社会组织操作，尤其以社会组织为主。而对于社会组织操办社区公益服务，开福区各社区居委会以调控和引导为职能，要求社区社会工作者重视调控和引导工作。

1. 调控专业型公益服务组织

在社区公益服务中，具有专业性的公益服务是受居民们欢迎的，如水电维修等。但由于其服务的专业性，极有可能以社会组织的形式在社区范围内形成专业服务垄断。一旦垄断形成，用专业服务变相收取居民报酬，那就违背了公益服务的初衷，这是社会工作所不能容许的。对于这类公益服务，开福区的社会工作者有充分的考虑，做法就是对专业型社区公益服务组织的公益服务活动进行大力支持，而对其服务性质进行严格的管控，同时也能对其服务质量严格把关。

例如，伍家岭街道蒋家垅社区对红白理事会①这类专业型社区公益服务组织的调控方法就是让社区居委会成员担任社区内专业型社会公益服务组织的主要负责人，对其服务活动大力支持，但严格管控服务性质。不仅如此，负责人还会跟踪回访，对被服务过的居民进行访谈，了解服务质量，最重要的是了解是否有组织内服务人员收受了被服务居民的报酬。其工作方式如表4-5所示。

表4-5　　开福区社工对专业型公益服务组织的工作方法

专业型公益服务组织服务要素	居委会职能	社工做法
服务对象	帮助发掘	及时发现居民需求并告知相应服务组织

---

① 红白理事会是开福区专业型社区公益服务组织之一，是为社区内居民操办红白喜事而成立的。城市不比农村，城市居民操办红白喜事往往缺少足够的亲戚帮衬，所以需要一定的人力支持，还需要相应的仪式礼节流程。成立社区红白理事会不仅能从街坊邻居中提供相应的人力资源，节省去酒店大操大办的成本，还能促进风俗改革，让喜事文明规范化。

续表

专业型公益服务组织服务要素	居委会职能	社工做法
服务活动	大力支持	积极推动符合居民需要的公益服务活动
服务性质	严格管控	由居委会成员担任专业服务组织负责人
服务质量	严格把关	对服务后续跟踪，向居民及时了解情况

2. 引导非专业型社区公益服务组织

除了专业型服务组织以外，其他的社区公益组织大多不需要社区社工来监管。对于基本上实现资源能自筹、活动能自办、管理能自理的社区公益服务组织，开福区的社区社工主要是起到一个引导协调的作用，并将过去包办一切的职权下放。伍家岭街道的科大佳园社区在这方面就做得很有示范性，该社区具有以下三个特点：一是居民素质高，并且拥有国防科大退休教职工资源；二是居民收入高，社区的民生问题和帮扶工作等方面需要投入的精力较少；三是社区社会组织成员的社会资源丰富。在此基础上，科大佳园社区引导居民孵化出了大量公益性社区社会组织，并引导这些社区公益组织良性发展。

为了更好地引导社区社会组织公益服务发展，该社区工作人员将自身的职责转变到了以下几个方面：一是凝聚人心，通过搜集和发掘社区居民的潜在需求，整合社区资源力量，引导社区社会公益组织健康孵化；二是强化服务，通过提供场地、设备等硬件设施以及必要的人力资源，引导社区社会公益组织活动更好开展；三是拓展资源，通过争取政府、社会和其他社会组织的资源支持，引导社区社会公益组织长效发展；四是协调组织，通过协调社区社会公益组织开展公益活动的时间、场地、人力及其他资源，引导社区社会公益服务组织有序开展公益服务。社区社工职能的转变使科大佳园的社区社会公益组织充满了活力，社区公益服务的发展势头迅猛。

二 专业化社工促进社区公益服务对象精细化

社区服务对象的精细化程度决定了社区服务的深度，社区服务领域的扩大化程度则体现了社区服务的广度。服务方式的精细化有利于更好地将社区公益服务落实到社区居民身上，这既是对服务对象的负责，也是对服务者自身的严格要求。开福区对社区服务对象进行了一个纵深的探索，纵向即对服务对象的深入细化，横向即对服务领域的广泛扩展。唯有将服务对象落实到点，服务领域覆盖到面，才能真正实现满足居民群众需求这一社区治理和服务的基本目标。

（一）广泛扩展服务领域

对于社区公益服务领域的扩展，开福区形成了"区→街道→社区→社工机构/社区社会组织→公益服务项目"五个纵向层级共同横向扩展的局面，从宏观到微观，每一级都充分探索，积极尝试，开阔了服务思路，丰富了服务内容，开辟了服务渠道，为社区公益服务发展提供了多种可能性，最终的落脚点还是让居民享受到更全面更周到的社区公益服务。

在对服务对象横向探索中，开福区将社区服务主动拓展到涵盖了包括社会福利、社会救助、社会慈善、残障康复、优抚安置、劳动就业、帮扶矫治、卫生服务、社区建设、婚姻家庭等在内的诸多领域，并在这些服务领域中拓展了服务项目，包括老年人服务、青少年服务、残障康复服务、贫困与失业人员服务、城市流动服务、农村留守人员服务、特殊人群服务、婚姻家庭社会和对社工及其机构的服务等，形成了覆盖面广、功能齐全的社区公益服务格局。

开福区宏观上的公益服务领域得到了扩展，区内的社工机构也在积极扩展服务功能，由过去的单一服务领域扩展到以核心服务功能辐射相关服务领域的服务模式。如开福区鑫晨婚姻家庭综合服务中心作为社工机构在扩宽社区公益服务的服务功能上做得就很有代表性，其服务涵盖的内容不仅包括其婚姻家庭，还拓展到社区矫正、禁毒、青少年教育等领域。

社区社会组织同样在公益服务对象的横向扩展上做出了十足的努力，比如通泰街街道寿星街社区的"五彩桥"协会，不仅扩展了社区孤寡老人、空巢老人、残疾人员、计生特殊困难人员等弱势群体作为服务对象，还专门深化了对计生特殊困难家庭的公益服务项目。该协会的业务范围主要包括：一是为社区孤寡老人、空巢老人、残疾人员、计生特殊困难人员等弱势群体提供生活料理、心理慰藉、生日关怀、温暖陪伴、节日团聚、组织体检等服务；二是以社区困难儿童、留守儿童及残疾儿童为帮扶对象，在学习、生活等方面提供帮扶服务；三是提供职业技能培训和就业推荐服务；四是扶贫帮困，提高困难人员生活水平。

(二) 深度细化服务对象

需求决定群体，群体决定服务对象，发现居民需求是对社工的基本要求，明确社区公益服务对象是开展社区公益服务的前提条件，这样才能保证社区公益服务有的放矢，能让社区公益服务高效、有序、系统地开展。同时，纵向细化社区公益服务对象是社区对居民负责任的表现，是以人为本的基本要求，这样才能将社区服务精确地落实到真正有需要的居民身上，填补社区公益服务空缺，节约社区公益服务资源。

与上文提到的社区公益服务领域曾经是一种被动探索状态一样，过去的社区公益服务对象也是在被动探索中慢慢发掘的。简而言之，就是对象找服务，而不是服务找对象。除了一些比较广泛的困难群体外，社区或者基层政府往往是等着困难居民找上门来，才被动地将其作为服务对象。开福区改变了这一现状，通过社工积极主动地发现居民需求，从而发现服务对象。通过对开福区政府、社区居委会、社工服务机构和社区社会组织的公益服务项目变化情况的观察可以发现，在政府引导、社工服务机构和社区社会组织主导、社区居委会配合下，开福区开展了一大批以老青妇群体、残障康复群体、生活困难群体、城市流动群体、农村留守群体、优抚信访群体、矫正帮教人员、药物滥用人员等为服务对象的社会工作服务项目，其中大多数是公益服务。

开福区不仅在发掘服务对象的态度上发生了变化，还将社区公益服务的受众做精细化识别，由笼统地服务全体居民或大部分居民转变为具体地服务相应居民群体。社工人才在这个过程中起到了关键的作用。社工在长期的社区服务中，用敏锐的目光和丰富的经验发现了社区居民的实际需求，根据需求划分了公益服务对象群体，从而能开辟新的人性化服务项目，提高居民群众生活幸福感。

比如在养老服务上，开福区政府为全区90岁以上老人、低保家庭75岁以上老人、"六类"老人及二级以上重度残疾人购买了"一点通"信息服务。这就将养老经费精确投入到了养老条件比较欠缺的老年人身上，在"老无所养"和"老有所养"两类老年人群体之间优化了公益养老资源，集中了优质养老力量。又如在助残公益服务上，开福区政府对全区需要护理的精神、智力、肢体、多重残疾的重度残疾人，给予每人每年1000元的护理补贴。不仅如此，开福区政府还引进和开设了一批专为特殊群体提供公益服务的社工机构，比如专门为开福区残疾人服务的开福区梦想家园社会工作服务中心就是一家致力于服务开福区残疾人的NGO公益组织。

(三) 精确设计服务内容

有了服务方式多样化的社区社会组织，还需要让社区居委会和社会组织拥有更精细化的服务内容。服务内容的精细化是对细化服务对象之后的应有补充，目的在于杜绝服务死角，让社区公益服务更为立体全面。开福区的社区公益服务内容，不论是社区居委会还是社工机构都取得了精细化的发展成果，许多社区和社会组织都将社区公益服务发展成了"菜单化"服务。在社区公益服务内容"菜单化"设计方面，金帆社区的金秋居家养老服务中心成效明显。

金秋居家养老服务中心是按湖南省AAAA级社区居家养老服务中心评定标准建设，致力于打造成省级居家养老示范服务中心的一家社区综合性养老服务机构。该中心功能完善，服务设施齐全，服务面积约400平方米。中心将服务场地细化为"健康、学习、培训、文化、旅游"五大中心，同时将服务功能"菜单化"分为"学习、休闲、娱乐、调理、爱心、互助"六个板块，形成六位一体的居家养老服务平台，其服务"菜单"如表4-6所示。

表 4-6　　　　　　　金秋居家养老服务中心服务菜单

服务内容									
服务主线	幸福养老									
主体教育	国学		健康		艺术		生活		时政	
服务支撑	幸福导航	养生宝典	兴趣天地	疾病防治	生活百科	老年维权	和谐家庭	奉献社会	营养干预
专项服务	老年大学	养生保健	志愿服务	老年旅游	精神关爱	休闲娱乐	日间照料	老年康复	便民服务
活动场所	游艺棋牌室								
	舞蹈健身厅								
	音乐戏曲欣赏厅								
	书画摄影欣赏厅								
	图书网络阅览室								
	茶吧服务小餐厅								
	绿色环保日常生活用品便利店								
服务项目										
学习	读书班	歌唱班	书法班	舞蹈班	象棋班	营养班	经络班	疾病常识班	四季养生班	老年人讲座
休闲	举办老年人沙龙及座谈会，为老年人提供交流平台；开展旅游户外活动，提供最专业的老年人异地养老及旅游休闲服务									
娱乐	定期组织丰富多彩的各类老年人交流活动，满足老年人精神文化需求									
调理	为老年人提供健康调理、保健养生咨询及绿色环保健康的各类日用生活品									
互助	开展"社区互助小组"，以生日会、母亲节、父亲节、端午节、中秋节、重阳节、教师节、检测会、联欢会为主题，组织老年人"聚一聚、聊一聊、走一走、乐一乐"									
爱心	开展慰问敬老院、儿童福利院、资助学子等各项公益活动，提供各项助老志愿者服务									

三　专业社工促进社区公益服务资源链接方式多样化

社区公益服务需要社工运用其专业素养链接充分的服务资源才能提高服务质量和可持续性。对于社区公益服务资源，《开福区推进全国社区治理和服务创新实验区建设实施方案》提出多元参与、协同治理，即通过专业化社工人才对服务资源的发掘、对接、获取和运用，充分引入多元主体参与到社区公益服务中，兼顾各方面、各层次、各领域的利益诉求，将各种有利于社区公益服务开展的服务资源有效引入社区公益服务中来，并高效整合各类资源形成推动社区公益服务发展的合力。

（一）统筹国内国外两种资源

开福区为更好地链接社区公益服务资源，不仅立足国内，还将视野投向海外。开福区不仅通过增加政府购买力度，获取了诸多区内甚至国内的公益资源，引进了国内优秀社工、社工机构和服务项目。同时，区政府还成立了开福区公益创投项目基金会，吸引了大量社会资本，扶持了许多社区内生服务项目。此外，开福区还从国内外引进了诸多大型公益社工机构，开辟了国际化公益服务资源获取渠道。

1. 统筹国内公益资源

国内公益服务资源是比较适合开福区公益服务实际需求的，因此统筹国内的公益服务资源是目前开福区获取资源的主要方式。开福区统筹国内公益服务资源主要是统筹两对关系：一是统筹区内和区外的资源，这通过政府购买就可以实现，在区内和区外择优选择并扶持；二是统筹政府与社会的资源，通过公益创投的方式，成立开福区公益创投项目基金会，将社会力量吸收进来，与政府一起扶持公益服务项目的发展。具体做法如下：

首先是增加政府购买，加大扶持力度。开福区政府购买社区公益服务主要有四种形式：一是由区政府统筹，区民政局、相关街道具体负责，通过政府招投标的方式委托区内外专业社会工作服务机构提供社会救助服务，例如众仁社工的为老助残服务；二是由区民政局负责，将全区上门养老服务和助残服务通过政府招投标的方式交由专业服务机构负责，服务能更加精细化和人性化，例如从深圳引进的"一点通"低保老人救助服务；三是由区社工局直接面向国内招录专业社工，将他们派到有服务项目的社区或机构开展点对点的救助服务，例如开福区的社区矫正服务就是采取这种形式；四是由社区社会工作者根据社区居民群众的实际需求，通过整合区内外高校资源及志愿者力量，组建社区家庭综合服务中心、残疾人社工服务站、青少年社工服务站等，为社区救助对象提供服务。

开福区政府每年安排专项资金600余万元用于扶持社会组织发展、购买社会组织服务等。例如连续四年每年投入100万元购买众仁社会工作服务中心的专业社工服务；连续五年每年投入80万元为辖区低保老人、重残人员购买社区助理服务中心紧急救助、便民利民、人文关怀服务；连续三年每年投入180万元扶持、奖励社区社会组织发展等。

其次引导公益创投，吸引社会资金。开福区坚持"党委领导、政府主导、社会协同、公众参与、法制保障"的原则，充分发挥人大、政协的沟通协调作用，广泛动员企业、个人参与到公益项目建设中。政府、企业、个人按照一定比例投入资金，成立开福区公益创投项目基金会，为社会组织公益项目建设搭建平台。社会组织进行项目申报，经专家评审团评审后以政府配套、企业冠名、个人赞助等方式对公益项目进行资助。公益创投为开福区社区公益服务吸引了大量社会资金，为公益服务的开展提供了有力保障，填补了政府购买的不足，激发了开福区社区公益服务者的服务创新意识。

2. 引入国际公益资源

如果说国内的公益服务资源比较符合国内实际需要，那么国际化公益服务资源的优点则在于公益资本更雄厚，能提供的资源更丰富。国外的公益慈善事业发展早于中国，其公益服务方式比我们更先进，一些发展较好的国际性公益慈善机构，在选择其相应的服务群体时一般不会有国界之分，如果将其引进国内服务社区的话，将会为国内的社区公益服务增加一股强大的力量。因此，开福区引进了国际关心中国慈善协会，为区内孤残儿童提供服务。

国际关心中国慈善协会（International China Concern，ICC）是为促进中国社会福利慈善事业发展而建立的国际性慈善机构。其使命是为孤、残儿童和青年人带来爱、希望和机会，改变他们的命运。自成立以来，ICC与中国政府合作，为孤、残儿童和青年人提供了护理、医疗、康复、特殊教育和职业训练等全方位的服务。

开福区政府积极引进了ICC的社区公益服务项目，2010年9月与之合作成立了"爱希会长沙市开福区残疾儿童服务中心"，引进国际先进服务理念，深入社区，以有残疾孩子的家庭为服务对象，为残疾孩子提供更多教育、训练和关爱，为其家长提供心理咨询、支持和帮助。开福区在该服务项目中只承担基础经费，该机构的其他所有运作经费均由其国际资源负担。

ICC 的服务对象以居住在长沙市开福区内的家庭为主，更扩及长沙市内 0—14 岁的脑瘫、自闭症、唐氏综合征、智力发育迟缓等残疾儿童，为他们提供免费的康复及特教训练，组织夏令营活动，整合特教、康复、社工的跨专业服务和上门服务，还有外国专业义工不定期给予指导。服务项目包括咨询辅导、康复训练、特殊教育、家庭支持、临时护理、贫困家庭的经济援助、筹措医疗手术援助金等。

在开福区残联及民政局领导的支持下，ICC 扶残助残工作以 0—14 岁的残疾儿童康复及家庭需求为导向，紧密联系区残联、街道和社区残疾人协会，深入了解孩子的需求和生活状况，采取针对性的康复手段和帮扶措施，从而实现让中、重度残疾儿童"提高生活质量、降低被遗弃率"的目标。目前 ICC 共服务个案 101 人，为他们建立了个人档案，及时记录和跟进各种服务。班长、社工、特教等分别制定工作计划和工作制度，定期家访了解家庭需求，为孩子及家庭解决生活和康复方面的实际困难，使残疾家庭生活质量得到提高。表 4-7 所示为 2015 年 ICC 举办活动情况。

表 4-7　　　　　　　　ICC2015 年活动记录

2015 年家长支持小组活动主题	人　数	时　间
阳光家园慰问	21	2015.1.23
蒋家垅社区慰问	16	2015.2.11
脑瘫孩子的护理	13	2015.4.25
母亲节农家乐	41	2015.5.9
脑瘫儿童坐姿与体位转换	9	2015.5.31
唐氏家长分享会	3	2015.5.31
天明视光视力保健宣导暨检查	30	2015.6.6
唐氏综合征特殊教育与发展（上）	7	2015.7.11
唐氏综合征特殊教育与发展（下）	5	2015.7.18
夏令营	140	2015.8.3—9
ICC 走长城	38	2015.9.19
自闭症家长支持小组	22	2015.10.31
玩乐主题培训——家长支持小组	13	2015.11.14

续表

2015年家长支持小组活动主题	人数	时间
助残没有国界——爱心助推社会——国际残疾人日·开福区在行动	358	2015.12.3
如何正确使用平板电脑进行认知教育——家长支持小组	13	2015.12.12
圣诞节狂欢·年终总结——活动	31	2015.12.23
共计16次	760人次	

ICC最为突出的活动当数每年暑期的"夏令营",为残疾儿童和非残疾儿童进行社会融合及英语品格教育,也为中、重度残疾孩子组织活动,让残疾儿童的父母亲得到"喘息服务",获得休息的机会。2015年12月3日"国际残疾人日",由开福区残联主办,ICC与伍家岭街道承办的"助残没有国界——爱心助推社会——国际残疾人日·开福区在行动"大型公益活动,链接了开福区18家爱心助残机构参与,总参加人数是358人。活动当天,市残联、区残联的有关领导都出席现场鼓励,活动得到了各位领导的极大支持和赞许以及媒体的关注。2015年,ICC获得了长沙市文明办和长沙市残联颁发的年度长沙市学雷锋扶残助残善行四十佳"爱心团队"称号。[①]

(二)统筹公益服务多方主体

社区公益服务不仅需要大量资源的投入,还需要更多公益服务主体的参与;不仅因为公益服务主体本身就是一种公益服务资源,还因为需要社区公益服务主体将服务资源带入社区公益服务中。人民政协、人民团体和民主党派作为国家政治主体之一,本就具备参与公益服务的职能或义务;而社区内单位、企业和爱心人士虽然没有明确的义务去参与社区公益服务,但他们是不可多得的社会力量主体,也应该吸收到公益服务当中来。

1. 社工人才积极争取人民政协、人民团体和民主党派的支持

开福区人民政协、各人民团体和各民主党派都在社区公益服务中做出了巨大的贡献,主要体现在为社区公益服务提供人力、物力和财

---

① 关于ICC的数据引自《2015年爱希会长沙市开福区残疾儿童服务中心工作总结》。

力资源上。积极通过自身调动社会资源，为相应的社区和社会组织举办公益服务活动提供支持。

开福区人民政协为了让政协工作更能贴近民生、服务基层，在望麓园街道、东风路街道、清水塘街道设立了政协委员民情工作站、义工工作站、法律服务工作站。同时结合长沙市开福区社区助理服务中心的"安易佳·一点通"信息平台，通过整合上述三个政协委员工作站的资源，建立了开福区政协委员"三服务"信息中心，全天候24小时处理用户的咨询和帮扶需求，并在工作日预约安排有专业技能的政协委员上门服务或约见用户，以便扩大服务群体和增加服务内容。建成后的长沙市开福区政协委员"三服务"信息中心，为全区政协委员服务民生、服务经济、服务和谐社会提供了便捷的信息支持、政策咨询、服务预约、对象记录、后续跟踪等多种服务。

人民团体也贡献了巨大的力量，如前文提到的ICC得到了残联的支持，鑫晨社工机构也得到了妇联的支持等。开福区鑫晨婚姻家庭综合服务中心是在省、市、区三级妇联的指导下，由开福区民政局批准注册的"民办非企业"社工组织，以"妇儿为主，家庭为本，社区为基础"为工作理念，采用"妇工+社工+义工"的运营模式，将妇联的品牌服务项目植根社区，落户基层，面向居民。它将服务功能拓展到涵盖女性健康、女性培训、家庭救助、法律援助、亲子教育等各方面，取得了较好的社会效益。从服务项目启动至2015年年末，该中心已开展培训活动8场次，培训女性256人次、救助困难家庭70户，课外儿童辅导54人次，开展大型活动8场。[1] 同时协助有关部门做好宣传反家暴、社区矫正、禁毒等项目，及时掌握群众心理，了解群众所思所想、帮助解决群众所需所望，获得了社区群众的一致认同和好评。

民主党派党员队伍拥有各领域内的精英人士，为开福区社区公益服务提供了专业的技术支持和高层次的服务质量保障。例如伍家岭街

---

[1] 数据引自《长沙市开福区鑫晨婚姻家庭综合服务中心年度工作总结》（2015年12月17日）。

道建湘新村社区的同心健康社区建设就得到了中国农工党在医疗领域的帮助,平时积极组织社区公益医疗健康服务,如健康讲座、义务坐诊等,还为社区居民提供了许多医护用品。金帆社区的同心环保志愿服务站建设也得到了民盟开福区工委的支持,其志愿服务宣导站内还专门开辟了"同心会客室",为民盟盟员与社区居民代表对社区内重大事件和民生工程进行讨论协商、共谋社区发展提供场地。

2. 社工人才引导辖区单位、企业和爱心人士积极参与

社区内的企业和单位是支持社区公益服务的重要力量。由于这些单位和企业具有多样性,其所能提供的社区公益服务也是多种多样的,极大地丰富了社区公益服务内容。通过开福区社工人才的努力,获取社区内企业和单位的公益服务资源已经成为社区公益服务资源链接方式中最常见的一种。社区内有高校的,能积极开展多种文体教育服务;社区内有企业的,能提供一些公益基金;社区内有医院的,能积极开展医疗健康服务。

开福区社工还善于发掘社区内的爱心人士参与到社区公益服务当中。这些爱心人士通过自身的榜样作用,以点带面,积极带动了身边的居民参与到社区公益服务当中来,为社区公益服务营造了良好的氛围。部分爱心人士甚至通过自身的影响力和感召力,在开福区社工的引导下成立了相应的社区服务组织。比如科大佳园社区的"任菲莉爱心热线"就是在全国道德模范任菲莉女士出于对社会公益事业的热心努力下创办的,她不仅创办了一个全方位为残疾人服务的网站,还开通了"任菲莉爱心热线",为需要帮助的居民提供一对一语音咨询。

开福区新河街道幸福桥社区"卢爹爹帮帮团"也是在全国"最美社区人"卢瑞雄的影响下成立的。"点滴小事能帮忙,大事也离不开卢爹爹帮帮团。"新河街道幸福桥社区"卢爹爹帮帮团"以"倡导文明新风、体现人文关怀、服务困难群众、促进社会和谐"为宗旨,是一个能融合多种公益资源,为居民提供便利服务的社会组织。为困难家庭服务是帮帮团的亮点,维修水、电、气,排忧解难等工作,不管路近路远,楼高楼低,帮帮团都及时上门解决。同时以身作则,协助新河街道9个社区群众协会组织用爱心温暖困难群众,用善行弘扬

文明新风，帮助了大批的社会弱势群体。

（三）社区公益服务的市场化与公益化互促

为提高社区、社工机构和社会组织的公益服务水平，开福区探索并实践了市场化与公益化相互促进的服务模式：一是社工机构采用市场化与公益化双轨运营模式；二是社区社会组织也积极探索市场化与公益化互相促进的运作模式。

1. 机构社工引导公益型社工机构的市场化运作

机构社工引导市场化运作与公益化服务的相互促进，能增强社工机构和社区社会组织的生命力，提升其公益服务的可延续性。市场化运营带来的资源收益可以增强公益化服务的能力，而公益化服务带来的社会效益又为其市场化运营创造了良好的公共关系，从而提高市场化运营的收益，形成良性循环。社工机构作为运作机构，仅靠政府购买和社会资助来提升其公益服务水平是不够的，这就需要探索市场化运作来为自身谋取更多资源，以维持机构的良好运作，减轻政府购买的压力，其根本目的还是提高公益服务水平。

长沙市开福区社区助理服务中心的运作模式就是公益化和市场化相结合的典范。该中心全名"安易佳·一点通"——长沙市开福区社区助理服务中心（以下简称"中心"或"一点通"），成立于2010年5月，是由长沙市开福区政协在广东省中山市调研社区管理社会化工作中引进、民政局规划建设以及广东中山点通科技技术支持的社会性、公益性、服务性民办非企业单位。在公益服务过程中，长沙市开福区社区助理服务中心通过与市场运作结合，使居家养老和残疾人居家托养的理念逐步为广大居民所理解和接受，并正争取将该中心新型的居家养老和残疾人居家托养服务扩大到全市乃至全省，为社会不断加剧的老龄化问题的解决提供新思路、新方法。

在公益服务方面，开福区政府为全区90岁以上老人、70岁以上的低保老人及二级以上残疾人购买了该中心的"一点通"基本救助服务，对这些特殊群体，该中心除了基本救助服务外，还对他们实行会员制，提供免费养老服务。除此之外，该中心注重社会效益，发挥资源联动作用，应用先进的服务信息平台①，联动政府慈善机构、社会组织、爱心人士、爱心企业，针对符合条件的老人和残疾人，根据他们的不同需求设计了不同类别的公益帮扶活动。

在市场化运作方面，由于为上述符合条件的群体提供了基本救助服务之外的完全免费的会员制服务，开福区的政府购买经费已经不足以填补空缺，这就需要通过市场化运作来获取一定的经费以支撑公益性服务的发展。对于全区 90 岁以上老人、70 岁以上的低保老人和二级以上残疾人之外的群体，该中心实行的是有偿服务。鉴于该中心在公益服务上的良好表现，其服务品牌已经在开福区内外树立起来，得到了社会大众的认可，市场逐渐开阔，开福区以外许多不符合条件的老人也购买了该中心的服务，为该中心创造了足以填补公益服务经费空缺的收益。

2. 社区社工调控公益型社团组织的市场化运作

公益型社区社会组织在社区居民心中逐渐成为无偿服务的代名词，社区文艺娱乐社团的无偿表演、服务类社团的无偿帮助和志愿类社团的无偿服务，虽然是为了其公益性而存在，但其实可以有更高的发展空间。尤其是文艺娱乐类社团，在其文艺表演水平达到一定程度形成品牌之后，完全可以到社区以外的地方进行商业表演，如商场开幕、商业晚会的演出等。这些市场化收入不仅可以提高社团成员的活动积极性，还能提高社团表演的质量，增强社团发展的可持续性。

开福区各社区都不乏优质的文艺娱乐类品牌社团，馨之声艺术团

---

① 该中心的居家养老信息服务平台为高技术含量的呼叫中心"安易佳·一点通"，该平台具有公益帮扶性质，与社会上名目繁多的公共服务平台（如 114、12580、96333 等）有较大区别，该平台将各类社区服务整合在统一的信息系统之内，受众群体的个体信息详细规整录入平台，形成会员制专项专业定向帮扶服务。用户不必记任何电话号码，只要按下求助键就由中心根据求助内容第一时间联络社区、邻居、子女、物业、119、120、110 及全区七千多家爱心商业机构和服务机构等相关部门。为居民特别是老年人、残疾人构建了一套集居家养老、助残服务、医疗救护、防险防盗的智能化系统服务平台，被群众称誉为"电子保姆"。其服务项目包括提供全年 24 小时在线紧急救助服务；提供全年 24 小时在线响应的生活便民服务；根据用户需求提供各类咨询服务及人文关怀服务；根据用户需求的免费上门服务；志愿者服务等。

就是伍家岭街道蒋家垅社区的品牌社团，享誉开福区乃至长沙市，多次在高层次媒体中亮相，如中央电视台和湖南卫视等。馨之声艺术团是蒋家垅社区内部孵化的文艺娱乐类社区社会组织，其在文艺表演方面，对社区内部是公益性无偿表演。随着社团的发展，会员不断增加，表演水平也不断提高，声名逐渐远播社区之外。馨之声艺术团为了能更好地发展，更全面地提升社团文艺水平，有选择性地对社区外的表演邀请进行收费，如商家开业、大型文艺晚会等，这样就筹集了社团经费。对于该社团市场化表演带来的收益，主要是用于满足社团外出表演的交通支出，提高服装、道具的质量，邀请专业人士进行培训和指导等，社区、社团负责人和社团成员都不能从中获益。优化后的表演团队能为居民提供更优质的节目，同时也能促进商业表演的品牌效益，增加收入，形成良性循环。

此外，对于馨之声艺术团这样的文艺娱乐类社区社会组织的市场化收入，蒋家垅社区有一套自己的监管方式。首先是坚持社区社会组织自治原则，不干涉社团收入的使用；其次是对每年的社团财务审查工作做一个见证，即社团财务由社团成员自行审查，但是社区居委会工作人员会在场进行监督和见证。这样既能保证社团独立自主，又能实现适度的有效监管。

第三节　社工人才推动社区便民服务与志愿互助服务的发展

与社区公共服务和公益服务的系统性不同，社区便民服务和志愿互助服务都是比较零散而琐碎的，体现在其服务主体、服务方式、资源链接和服务积极性等方面。对于社区便民服务来说，如何高效利用服务资源是为居民更好地提供便民服务的重要先决条件；对于志愿互助服务来说，如何正确规范引导志愿服务力量有序开展服务是社区志愿互助服务的重要保障。为此，开福区将社区便民服务进行集成化发展，从服务信息、服务功能、服务设施等多方面将便民服务资源进行了整合。社区志愿互助服务也是如此，开福区通过党员志愿服务引领和志愿服务积分兑换等方式激发了社区居民参与志愿服务的积极性，有效整合了志愿服务队伍。

一 社工整合资源促进社区便民服务发展

社区便民服务是以便利居民日常生活为目的的所有服务的总和，其宗旨是为民、便民、利民。社区便民服务的方式和种类繁多，且多数与居民日常生活息息相关，比较常见的有通信服务类如手机充值；出行服务类如机票火车票预订；医疗服务类如医疗挂号；金融服务类如信用卡还款；生活缴费类如水电煤气费代缴；代购服务类如电商网购；软件服务类如手机应用安装；等等。因此，社区便民服务琐碎而繁杂。开福区从服务智慧化和空间集成化两方面努力，走便民服务集成化路线，共同推动了社区便民服务发展。

（一）便民服务智慧化——智慧社区建设

在社区便民服务方面，开福区以高新技术为支撑，以满足公众日益增长的信息化服务需求为目标，以"互联网+"为创新引擎，着力打造智慧社区。智慧社区是应用互联网、物联网、传感网和云计算等新一代网络通信技术，通过建立起一套符合智慧社区要求的现代化社区公共服务系统，整合社区资源，创新治理模式，对住宅楼宇、家居、医疗、社区服务等进行智能化的构建，实现社区内各参与主体间的充分互动和协商，从而形成基于大规模信息智能处理的一种新的社区管理形态。智慧社区建设旨在创新社区治理，简化政务服务，提升公共服务，便捷居民生活，不断简化办事流程，提升服务效率。让"信息多跑路，群众少跑腿"，确保"小事不出家门、大事不出社区、难事不出街道"，实现便民服务智慧化。

1. 社工人才在智慧社区建设中的作用

智慧社区建设作为一项便民服务工程，其实施方虽然是区政府，但是社工人才的力量功不可没，主要体现在以下几个方面：首先是社工搜集居民需求，为智慧社区的服务功能集成设计提供了直接的参考因素；其次是社工搭载智慧社区综合信息平台，让该平台更好地为居民提供服务；最后是社工引导居民更好地享受智慧社区建设带来的成果，通过指导居民使用智慧服务终端等设施，使居民能尽早熟悉智慧社区的服务方式。通过社工人才的努力和配合，开福区智慧社区建设成效明显，搭建起了智慧社区综合信息平台，社区便民服务终端也投入使用，还涌现出了江湾社区等典型智慧社区。

2. 智慧社区综合信息平台建设

为了让智慧社区建设更有利于社区便民服务发展，开福区打造了区、街道、社区三级信息服务网络互联互通的智慧社区管理系统——"开福区社区公共服务综合信息平台"，以促进信息和资源共享为重点，着力构建运转高效的社区治理和便民服务体系。具体功能如下：

一是能"一键呼叫，实时响应"。社区居民可随时拨打全天候24小时服务热线0731-82941221或登录居民网上家园点击24小时客服QQ，都能找到相应的服务，实现民有所呼、我有所应，民有所需、我有所为。

二是能"一窗受理，协同审批"。将原来分散在人社、计生等各业务条线专干办理的业务纳入社区服务中心"一个窗"，在任意一个窗口都可以办理。利用信息平台，关联事项一次性办理，无须重复提交资料和证明。

三是能"一站缴费，融合账单"。通过平台的居民家园以及信息亭，可缴纳水费、电费、燃气费、话费、公积金、社保缴费。社区信息亭24小时不间断为居民提供便民缴费服务。

四是能"一次提交，全方信用"。工作人员将申请人资料扫描进系统，形成材料证照库，供其他工作人员调用，也方便居民下次办事。工作人员还将居民指纹和身份通过设备自动录入系统，居民查询进度时，只需将身份证或指纹在"智能社工"终端机一放，信息便自动查询出来，办事人办事更便捷。

五是能"一次接入，服务全民"。对于社区商业服务项目，制定规划和法规政策，鼓励社会力量兴办，规范市场运作程序和服务行为。重点是发展社区超市、便利店、专业店、专卖店等业态和早点快餐店、大众餐饮店、社区购物中心、洗染店等行业，鼓励大型流通企业进社区，引进品牌和服务，扩大和延伸服务，让居民在家门口就能解决购物、餐饮、休闲、娱乐、修理、家政服务等多方面的生活需要，放心消费。将各种服务接入社区居民网上家园，居民可以通过网站查看周边的商家信息，在线下单提交申请，预约上门进行服务，如维修服务、洗衣服务、便利店配送等。

3. 智慧社区便民服务终端建设

要建设成便民利民的智慧社区，仅有社区公共服务综合信息平台还不够，还需要依托终端设备，推进便捷居民生活服务建设。为此，开福区根据不同社区的人口规模，在社区内安装了一定数量的便民缴费终端，该平台由"智能社工"和"信息亭"两部分组成，集成排队取号、办事查询、业务查询、便民生活缴费、车辆违章查询等服务。不仅如此，该终端还能积极链接医疗资源，提供预约挂号、在线咨询、电子病历等智能服务，打造智慧医疗。同时为高龄老人、残疾人群体配备电子辅助终端，提供紧急救助、网上购物等服务。

通过开福区社区公共服务综合信息平台终端的建设，让居民出门即可办事，实现进一次门，取一个号，办所有事，让居民感觉政府就在身边。图4-13为芙蓉北路江湾社区便民服务大厅的便民服务智慧终端。

图4-13　芙蓉北路江湾社区便民服务终端

4. 智慧社区建设典型——江湾社区

江湾社区隶属开福区芙蓉北路街道，成立于2011年12月。自成立以来，江湾社区积极探索以党建工作为引领带动社会治理创新服务，依托手机、互联网等信息资源，创建了群众性网站"网上世纪城"和"掌上世纪城"微信公众平台，利用"互联网+"的手段创新了社区治理和服务的新模式，搭建了社区与居民沟通交流的桥梁。这有效地推动了社区居民参与社区自治的积极性，激发了社区自治活力，逐步形成了具有江湾特色、在群众中有影响力的社会服务品牌和文化服务品牌，全面落实了公共服务和社会服务事务，不断推进了社区建设。

通过智慧社区建设，江湾社区绝大多数的居民已经适应了网上社区人的生活。居民在线下可以通过智能服务终端机在网上了解办事流程，线上提交资料、存储电子档案，形成电子行政审批。同时，居民可以通过线上平台参与社区自治，与社区互动交流。社区各种居民QQ群、论坛为居民参与邻里活动、了解社区资讯、发布社区信息、困难互帮互助和为社区建设建言献策提供了高效畅通的渠道。通过微信平台参与社区社会事务投票，还提高了居民参与率，为社区组织开展各类线上活动提供了保障。

2015年12月4日，《长沙晚报》在头版头条发表长篇通讯《江湾里飞出欢乐的歌》，肯定了江湾社区在推进"互联网+服务、管理"创新社会治理工作中取得的成绩。

（二）社工高效利用资源促进便民服务集成化

便民服务集成化是指将多项服务功能或服务方式集中于一项服务载体中，如服务设施、服务场地和服务渠道的集中使用，不仅节约了便民服务成本，还能为居民提供最大化、最高效的便民服务。上文提到的智慧社区建设正是集成了社区便民服务的所有功能，但是在智慧社区建设工作尚未取得成效的社区，还需要用一些"非智慧"的"土办法"来提高社区便民服务水平。这里说的"非智慧"并不是说开福区社区工作者没有智慧来推动社区建设，与此相反，开福区社区工作者在信息技术还未完全升级的情况下，通过聪明才智将传统的社区便民服务进行了有效的集成化发展,也就是利用社区有限的空间和资源,不断丰富社区便民服务功能,让便民服务触手可及,从空间上拉近便民服务与居民的距离,比较有代表性的是社区银行的建设。同时,开福区优化社区服务场所,对社区活动中心也进行了高效利用。

1. 社区银行集成服务

社区银行是银行将其金融服务延伸到社区的形式,能让社区居民更加便捷便利地使用银行的服务,解决了偏僻或者大型小区距离银行网点较远的麻烦。开福区彭家巷社区就把长沙银行搬进了社区,成为解决金融服务"最后一公里"的新模式,被居民称为"家门口的银行"(见图4-14)。

图4-14　能办理90%银行金融业务的长沙银行社区银行

彭家巷社区位于开福区捞刀河街道,地处北二环以北,离主城区较远,很少有银行网点,居民办理存取款业务十分不便,工商户将经营收入存入银行更是困难。在彭家巷社区的积极协调下,长沙银行把社区银行服务系统搬进了社区,近距离为社区居民提供业务服务。社区银行服务系统除了可以刷银联卡,缴纳水、电、煤气费用,还缓解了低保户、下岗职工、小企业和个体工商户取钱难、贷款难的问题。

"社区银行"的最大特点是可以根据居民的实际需要,有针对性地提供金融服务。社区银行在营业时间上也与居民工作时间错开，还通过APP应用为小微用户提供网上预约和上门服务。银行员工通过与社区居民的沟通和交流，及时准确地了解他们的需求，然后有针对性地帮助他们更好地使用银行产品和服务。

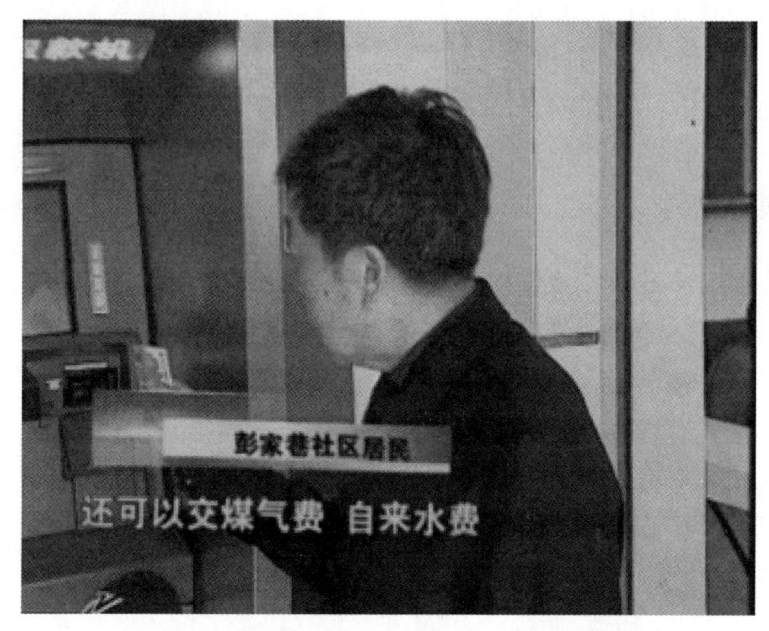

图4-15　电视媒体采访在社区银行进行生活缴费的居民

2. 服务场所集成利用

社区服务场所是社区服务的基础硬件保障，是便于居民开展丰富多彩的社区活动的基本便民场所。为了给社区居民更多活动场所，给社区社工更多服务空间，开福区政府持续抓城市社区办公服务用房建设，2014年和2015年数据显示，开福区政府对社区办公服务用房建设的经费投入已经达到每年500万元。但是毕竟场地再优化也还是有限的空间，无法满足社区居民的无限创意。对此，率先完成办公服务用房优化建设的社区开始了对服务场地有效利用的探索，以期让社区服务场所能最大化地承载社区服务和活动。提高社区服务场地的利用效率，就是对场地空间和时间的合理安排，统筹好了时间和空间，就能给居民最大可能性的便利。

(1) 科学划分场地使用功能

对于服务场地面积比较充足，活动中心比较宽敞的社区，开福区社区工作者会对场地功能按照居民需求进行一个合理的划分。如果按照居民群体划分，可以分为党群活动中心、老年人活动中心、残疾人活动中心、青少年活动中心、社区社会组织活动中心以及各种兴趣小组活动中心等。如果按照活动需求分，可以分为文艺活动中心、科学教育活动中心、志愿服务中心、心理咨询室、医疗保健室、健身房、书画室等。

有了服务场所功能的集成利用，开福区的社区服务场所自然能衍生出丰富多彩的社区便民服务。比如在青少年活动方面，科大佳园社区就利用社区活动中心的科普教室为社区内的少年儿童积极开展形式多样的科学教育活动。又如在一些空巢老人较多的社区，社区服务中心专门将社区电脑房利用起来，组织不会使用电脑的空巢老人来到这里，教老人们使用 QQ 视频等软件与远在他乡的子女以及孙子、孙女进行视频聊天，缓解他们的相思之苦，增进家庭和睦关系。

图 4-16　科大佳园社区公共服务中心

(2) 合理协调场地使用时间

对于服务场地有限、活动中心面积较小的社区，开福区社区工作者会对场地的使用时间进行有效的协调。时间的有效协调能弥补空间上的不足，也能让有限的服务场所更高效地便利居民使用。例如在青少年教育方面，许多社区如江湾社区等，依托社区服务中心的教室或者会议室开办了"四点半课堂"，错开时段，专门为学校放学早而父母下班晚的小学生开放，既解决了父母因下班较晚无法及时有效管理子女的问题，又充分利用了这个时段为社区少年提供课外知识的普及。

又如文艺表演爱好者和书画创作爱好者这两类人群基本上不适合同时使用社区活动中心，因为前者需要热闹的气氛，而后者需要安静的环境。鉴于此，科大佳园社区就通过社区社会组织联合会对场地使用时间进行了协调，将清晨宁静的时段安排给书画爱好者们进行创作，而将下午的时段安排给文艺表演爱好者进行歌曲舞蹈的排练等。

3. 送货上门集成对接

为了提高社区便民服务水平，将智慧社区建设推向一个更高的层次，开福区展开搭建"智慧生活圈"工作，旨在从空间上集成社区便民服务项目，为智慧社区建设做好补充。开福区通过加强政企、政商合作，依托各类网络技术平台，将云端管理、城市配送服务、社区配送网点、采购中心相互连接，为居民提供日常生活、办公、休闲娱乐等综合类一站式购物体验，搭建方便快捷、省心省力的购买和送货上门流程，打造具有"生活性、知识性、服务性、运营性"的智慧生活圈。

购物消费除了商品能送货上门，开福区的居民服务也能"送货上门"。如前文提到的"一点通"服务中心就对接了开福区大大小小许多商家，不论是理发、美容还是家政服务等，"一点通"服务中心都能为居民迅速链接到对应服务主体，及时将服务送上门。此外，"一点通"还能链接志愿者上门为社区内活动能力比较欠缺的老人和残疾人提供一对一服务。

二 社工人才助推社区志愿服务

社区志愿服务是社区居民参与社区自助与互助服务的有效渠道，能调动居民参与社区服务的积极性，对社区公共服务和公益服务覆盖不到的地方进行有效补充。在社区志愿服务发展中，开福区呈现出了规范化与扩大化的发展态势。规范化即志愿服务活动的有序展开，形成了长效机制；扩大化即居民和其他社会力量参与志愿服务活动的规模不断扩大。

(一) 社区党员高效引领

党员群体是参与社区志愿服务的重要力量，是提高社区志愿服务水平的重要保障。因此，有效增强党员队伍在社区志愿服务中的作用，发挥党员先进性和表率性，能更好地带动社区居民参与到社区志愿服务中，营造良好的社区志愿服务氛围，提高社区志愿服务水平。

1. 党员积分管理

党员积分制管理是基于对党员量化评价的一种管理模式，党组织对党员的日常行为、履职情况和党性状况等方面进行分值量化，以累计积分的形式体现，可以直观地反映出社区党员在社区服务中的各项表现。开福区不同的社区对于党员的积分制度和管理方式都有区别，但不同的党员积分管理方式对于社区党建服务都能起到积极的推动作用。首先，党员积分管理可以调动党员活动的积极性，激发党员服务热情。其次，基于党员服务热情和积极性的提高，社区党组织的组织生活和服务活动也会更加丰富多彩，党员服务群众的参与意识、宗旨意识都会明显增强。最后，党员积分管理能通过量化的数据对社区党员进行有效考核，利于基层党组织对党员群体的管理，也利于社区居民对社区党员进行监督。

开福区多数社区已经在社区党员志愿服务管理中实行了党员积分管理制度，其中以芙蓉北路欣城社区较为具有代表性。其积分方式是将满分设为100分，党总支按照"党龄""党费缴纳""三会一课""志愿服务""奖罚"等方面进行打分，年度总积分≥90分的可以评为优秀党员；60—89分评为合格党员；60分以下则为不合格党员。被评为优秀党员的，由党组织进行表彰奖励，并向上级党组织推荐，作为评优评先的推荐人选；被评为不合格党员的，由党组织进行问责，查找分析原因，限期整改、劝退或除名。

党员积分管理制度的实施，改变了过去党务服务方式单一、党员活动形式单调的状况，激发了社区党员参与社区志愿服务活动的积极性与创造性，为社区党员找到了归属感和组织感。在各个社区对党员积分管理方式的不断探索和完善下，党员志愿服务不仅推动了社区党建的发展，还通过党员群体的表率作用在居民中起到了引领作用，越来越多的非党员群众参与到了志愿服务中来，社区志愿服务队伍得到壮大。

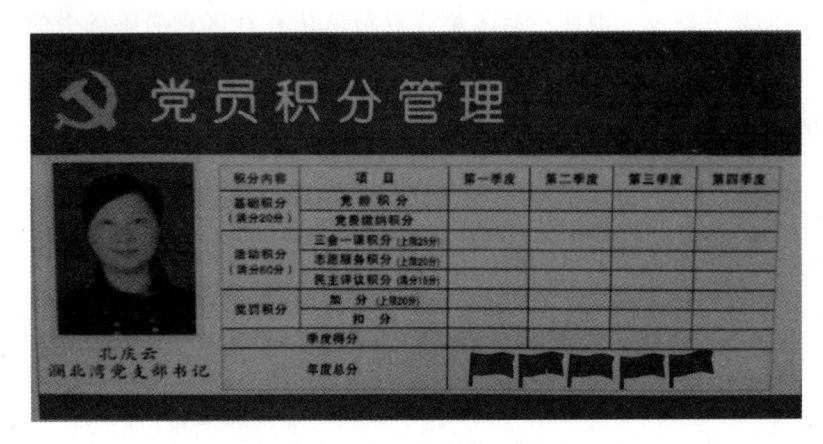

图4-17　欣城社区党员积分管理卡

2. 党员分类服务

随着市场经济的发展，社会变化速度的加快，社区党员队伍的结构正朝着多元化的方向发展，主要表现在离退休党员、失业或待业党员、流动党员以及参与社区服务活动的在职党员数量逐渐增多。他们在社会的各个层面和领域，教育背景、年龄、工作阅历等方面存在很大的差异。这使得社区党员的管理教育工作在内容上、时间上和形式上有着不同的需求，因此难度也增大。对于社区党员结构的新变化，过去的管理方式已经不能适应，要使其有序高效参与到社区志愿服务中来的难度也增加了。

为了对社区党员实现高效管理，优化党建资源，发挥党员作用，激发党员潜力，开福区社工对社区党员的分类管理进行了有效的探索，以期通过分类管理使不同党员有针对性地参与到不同的志愿服务中。其中通泰街街道西园社区的做法成为党员分类管理的典型，该社区党总支除了一般党员外还有很多体弱多病党员、下岗失业党员、青年党员和在职党员,他们的社会阅历、文化程度、身体年龄等方面存在较大差异,在教育管理方面就已经很困难,更不用说组织其有序参与社区志愿服务。但是,该社区党总支根据社区不同党员的不同特征,设立了"先锋支部""青年支部"和"关爱支部",对社区党员实行分类管理,激发各类党员内在潜力,发挥各自特长积极有效地参与到了社区志愿服务中。

首先是"先锋支部"。"先锋支部"的党员们为一般离退休党员,西园社区党总支对其实行"岗位化"管理。"先锋支部"的党员们的岗位职责包括:通过岗位认领,明确岗位职责,引领离退休党员围绕联系群众收集社情民意,反映群众的意见和为群众解疑释惑;围绕家庭矛盾、邻里纠纷等,做好深入细致的调解工作;围绕社区文明建设,做好宣传工作;围绕社区残疾困难党员、群众开展节假日慰问活动。"先锋支部"的建立,目的就在于进一步提高离退休党员在社区工作中的主动参与度,积极参与社区志愿服务,发挥他们的余热,做到"离岗不离党""退休不褪色"。

其次是"青年支部"。"青年支部"的党员们为下岗待业者、在读学生、进社区在职党员,实行"服务化"管理。利用网络信息化平台,建立青年支部QQ群,始终保持对这部分党员教育管理的连续性,使他们"学习不断档,思想不掉队,组织不断线"。结合支部党员不同特长,组织开展各类志愿活动。2015年5月15日,社区党总支组织开展"关爱残疾人,温情满西园"全国助残日志愿活动,"青年支部"的年轻党员们积极参与,并与残疾人开展结对服务,用实际行动关爱残疾人。除此之外,年轻队员还参与了社区的民兵训练、义务献血、网上交流学习等活动,为社区志愿服务贡献正能量。

最后是"关爱支部"。"关爱支部"的党员们为老弱病残党员,实行"关爱化"管理。社区党总支坚持定期入户走访,及时把社区党组织的中心工作向他们进行传达,从服务、关怀入手,利用红色先锋岗落实专人结对联系,及时了解掌握他们的思想动态、生活状况。同时,积极开展"送温暖、献爱心"活动,组织党员志愿者服务队进行关心照顾，积极帮助他们排忧解难，让他们感受到党组织的关怀和温暖，拉近党员之间的联系，增强党组织凝聚力。

西园社区针对不同类型的党员，结合实际合理设计了这三种不同的管理模式。"岗位化"管理为社区离退休老党员找到了发挥余热的平台，为社区志愿服务增添了不可替代的人力资源；"服务化"管理为下岗待业者、在读学生、进社区在职党员提供了保证先进性的思想动力，尤其对正在成长的年轻党员起到了有效的党员先进性引导作用；"关爱化"管理则为老弱病残党员提供了来自组织的关怀和温暖，提高了党组织凝聚力。这种党员分类管理思路，充分发挥了党员作用，有效分配了党组织资源，让党内党外都享受到了社区党员高效优质的志愿服务。

（二）志愿服务积分兑换

志愿服务积分兑换制度，是指通过积分存折、爱心银行等方式，量化志愿者志愿服务，以志愿服务换积分，再以积分换其他志愿服务或适当奖励的制度。志愿服务积分兑换是对志愿活动行为的管理而非对具体志愿者的管理，其参与的对象是任何有志于参与社区志愿服务的居民，而非固定的群体，具有开放性。志愿服务积分兑换制度为志愿者提供了精神上的认同感，激励社区居民广泛参与社区志愿服务。

开福区在志愿服务积分兑换方面取得了显著的发展，尤其在环保志愿服务方面，如四方坪街道金帆社区的"同心环保志愿服务站"、芙蓉北路街道江湾社区的"低碳爱心淘宝屋"和芙蓉北路街道欣城社区的"爱心低碳环保屋"都是开福区环保志愿服务的创新品牌。其中，欣城社区的"爱心低碳环保屋"更为典型，通过建立志愿积分兑换存折，把志愿服务积分与爱心环保捐赠屋物品兑换联系起来，不仅规范了社区志愿服务，还扩大了志愿服务的参与渠道。

"爱心低碳环保屋"是芙蓉北路街道欣城社区"环保社区"建设的一个工作重点，也是一个公益性的志愿服务活动。该社区建立了将居民家中的废旧物品集中回收再利用的循环机制，居民们可拿家中旧物来兑换积分，也可以通过参加社区开展的志愿服务活动来积攒积分。积分可兑换社区环保屋中全新的节能环保产品或家用品，还可以以物换物，把自己不需要的物品来和他人进行交换，这样既做到了环保，又达到了帮助他人的目的。社区把每一个季度没有置换出去的旧物进行统一整理，打包送往贫困家庭中，做到让每一个物品不浪费，让每个居民的爱心有着落。

为方便居民朋友将家中闲置物品进行积分兑换，欣城社区"爱心低碳环保屋"制定了以下积分兑换细则：①

"一、积分

1. 志愿者活动积分。凡居民朋友参加社区组织开展的志愿者活动一次，积分10分；

2. 回收闲置物品积分。家用旧电器一个积8分，旧书籍等纸张物品五斤积1分，废旧电池一节积0.5分，旧玩具一个积0.5分。

二、兑换。积分满5分兑换环保袋一个，积分满10分兑换节能灯泡一个，积分满20分兑换植物油一桶、面粉一袋、节能手电筒一个（任选其一），积分满30分兑换大米一袋、折叠式菜篮一个、绿色盆栽一盆（任选其一），积分满50分兑换LED台灯一盏。"

（三）志愿联盟自我管理

与参加志愿服务积分兑换的零散居民不同，社区志愿服务队伍具有组织化强、凝聚力强、服务长效性强的特点。因此，规范管理志愿服务团队，使其有效为社区居民服务是提高社区志愿服务水平的工作重点。开福区除了对志愿服务队伍制定相应的管理规章制度外，还由社工在志愿服务团队较多的社区引导成立了志愿者"联盟"式的组织，以对社区志愿服务队伍进行规范化的自我管理和自我服务，从而减轻了社区居委会对社区志愿服务队伍的管理负担，为志愿者的自我管理和服务开辟了新的思路。

志愿者联盟的成立不仅能减轻社区居委会的工作压力，更重要的意义在于其自身能科学合理地优化志愿服务资源：一是能有效协调各志愿服务团队的服务时间，避免时间冲突；二是能合理配置各志愿服务团队进行志愿服务活动所需的资源，如场地、人力等；三是能更好

---

① 参见芙蓉北路欣城社区"爱心低碳环保屋"积分兑换活动简介。

互通志愿服务信息，避免遗漏居民对志愿服务的需求，也避免造成志愿服务的重叠。

"爱公益志愿者联盟"是伍家岭街道科大佳园社区成立的，是该社区志愿者组织实现自我管理的新模式。科大佳园"爱公益志愿者联盟"由"任菲莉爱心热线""小小义工队""银发矛盾调解队"和"爱心妈妈团"共同成立，联盟的职责主要是协调志愿服务时间和资源，为联盟内成员组织提供服务。

（四）志愿队伍长效对接

为丰富社区志愿服务资源，增强志愿服务力量，规范志愿服务参与，开福区社区和社工机构都与相应的志愿服务队伍建立了长效合作机制。开福区是长沙市中心城区之一，辖区内有丰富的志愿服务队伍资源，如学校、企事业单位等，社区内部也孵化出规模大小各异的志愿者组织。正是拥有这样的资源，开福区社区和社工机构与志愿服务队伍充分对接，不仅能促进志愿服务队伍服务活动的规范有序开展，还能完善社区和社工机构自身的服务功能，为服务功能落实到社区居民提供了人力资源保障。

志愿服务队伍的长效链接就像是为社区居委会和社工机构延伸了"手足"，既能在社区志愿服务力不从心时将社区居委会和社工机构的服务构思付诸实践，又能更深入地将服务触及居民。社区和社工机构在链接志愿队伍的工作中，注重结合自身实际，针对性地链接能延伸自身服务的志愿服务团队。如伍家岭街道科大佳园社区重点培养青少年的科学文化素养，于是长期与国防科技大学在职或离退休教职工志愿服务队伍合作，充分发挥其科学文化资源，满足了社区内青少年的科学文化学习需求。

第五章　社工人才队伍建设中的国家与社会关系变迁

国家与社会关系作为一种经典的理论分析范式，对于我国改革开放以来市场化、社会化以及公民社会的发展具有较强的解释力。中华人民共和国成立以来由国家绝对的强势状态到现在的国家放权于社会发育，社会力量不断增强，国家与社会关系发生了巨大的变迁。开福区大力推动社工人才队伍建设，实施社工人才专业化、组织化、知识化、年轻化策略，促进了社会组织的发展，实现了城市基层治理结构的现代化转型，也拓展了社区服务的内涵与分类。政府购买社会组织服务推动了社会力量的不断增强，促进了政府与社会之间的互动协同，政府与社会的关系逐渐向"强国家—强社会"的方向发展。

第一节　国家与社会关系视角下我国社区建设的两大问题

改革开放以来，随着经济体制、行政体制改革的不断深入推进，我国政府与社会的关系发生了显著的变化。一方面，经济体制的改革充分释放了经济领域的创造力与市场活力，促进了市场力量的逐渐兴起；另一方面，行政体制的改革逐渐放松了国家行政权力对社会的管制，随着政府向社会授权以及放权的不断推进，社会力量得到了长足发展，各类社会组织如雨后春笋般纷纷兴起。在国家与社会的关系逐渐走向"强政府—强社会"的过程中，我国社区建设面临着社工队伍建设滞后、社会工作者能力较弱、居民参与水平低、社会活力不足等问题。

一 国家社会关系的变迁趋势

对于国家与社会的关系,由于强调的侧重点不同,不同的研究者对国家与社会的关系存在歧见。[①] 主要存在国家中心主义、社会中心主义以及国家和社会平衡论。从传统的划分来看,又可以划分为"强国家—弱社会""弱国家—强社会""弱国家—弱社会"以及"强国家—强社会"四种不同的发展状态。需要强调的是,国家与社会谁为中心的每一个发展状态都可以在"强弱国家—社会关系"的坐标体系中找到对应的坐标位置。并且,每一种划分背后都有其存在的理论基础。从理论上看,国家与社会的关系存在五种分疏,[②] 如表 5-1 所示。[③]

表 5-1　　　　　　　国家,社会关系的基本理解[④]

孰为中心	孰高孰低	主要理论观点	强弱关系	代表人物	理论基础	关系属性
国家中心论	国家高于社会	国家高于市民社会;公民社会从属于国家(黑格尔)	强国家—弱社会	马基雅维利、布丹、霍布斯、黑格尔	国家中心主义	对抗性质
社会中心论	社会高于国家	社会先于并高于国家(洛克);公民社会对抗国家(潘恩);公民社会制衡国家(托克维尔)	弱国家—强社会	普鲁东和巴枯宁、洛克、潘恩、孟德斯鸠、托克维尔、达尔	无政府主义、自由主义、多元主义	
国家—社会平衡论	国家社会平衡	公民社会与国家共生共强(迈克尔·伯恩哈德);公民社会参与国家(米歇尔·麦克莱蒂)	强国家—强社会	迈克尔·伯恩哈德、米歇尔·麦克莱蒂	法团主义、多元主义	良性互动性质

---

① 魏昂德:《现代中国国家与社会关系研究》,载涂肇庆、林益民《改革开放与中国社会:西方社会学文献述评》,牛津大学出版社 1999 年版,第 57—71 页。
② 周国文:《公民社会概念溯源及研究述评》,《哲学动态》2006 年第 3 期。
③ 张勇:《新中国城市社区建设:回顾、反思与前瞻》,中国社会科学出版社 2014 年版,第 189—190 页。
④ "弱国家—弱社会"在理论上和实践上都不是一种理想状态,很少有人持这种观点,因而对应图系里面没有将之置于其中。

因"弱国家—弱社会"无论在理论上还是在实践中,都不是一种理想的状态,而"弱国家—强社会"这种状态与我国国家和社会关系的历史变迁和现实情况是不符的。所以此两种国家与社会的关系不在本书的讨论范围内。

1. "强政府—弱社会"

"强政府—弱社会"关系中的"强政府"是指政府具有很强的社会整合和统治力量,政府控制和垄断着一切社会资源,整个社会呈现一种总体性社会结构。而"弱社会"则是指社会缺乏足够发育空间和制约政府能力,整个社会处于政府强烈控制之中,缺乏自主性和自组织能力,整个社会是一种政治社会化形态。政府是以高高在上的管控思维控制着社会,而社会由于自我整合能力和创新能力不足,难以形成与政府相互制约的力量,政府与社会缺乏足够的互动和衔接机制。

"强政府—弱社会"关系从总体上看是社会发育不足与政府过度管控的必然结果。在政府的无所不在的政治权威与政治管控下,社会的自组织能力与资源整合能力严重不足,政府通过横向权力网络和纵向的资源控制将社会置于其牢牢掌控中,社会完全成为政府的附庸。学术界一般将新中国成立后至改革开放前的30年称为中国的"强政府—弱社会"经典模式。中国共产党通过全面的政治主导和各种政治动员将乡村社会甚至整个社会都纳入其管控的线条中,从中央政府到农村党支部,中共通过政党下乡、宣传下乡和文化下乡将中国6亿农民紧密纳入其管理轨迹之中。"强政府—弱社会"关系的维系依靠的是中央政府强大的管控能力和社会的分散机制。因此,要改变"强政府—弱社会"的不良关系,对于社会建设而言,关键是要培育社会组织,增强社会力量,形成市场机制和市场因素,建设法治社会。而对于政府而言,则要加快建设法治政府、服务政府,加快政府职能转型,将资源下沉与权力下放双向机制一并行动,以政府法治和规范行动带动社会行动,通过形成规范的市场机制和法治思维来形成与社会的良性互动与合作。

2. "强政府—强社会"

"强政府—强社会"是政府与社会关系的最佳状态,从长远的历史视野来看，强政府具有足够的社会治理能力和现实政治权威。同时，强社会则拥有很强的自组织能力、很强的政治参与能力、很强的政治与社会监督能力和很强自我利益调节与整合能力。"强政府—强社会"关系模型主要从政府管理府能力和社会发育程度两个维度来衡量。"强政府—强社会"强调和寻求政府与社会的良性互动和有效衔接。一方面，政府具有充分的社会治理能力；另一方面，社会力量得到充分培育，社会组织的成长具有很大的空间，并能对政府行为形成一种内在的监督和制衡。在利益衔接机制的良性互构下，政府和社会双方视为合作伙伴，形成一种多元合治的治理"契约"和有效机制。

现代社会的治理必然追求的是国家治理能力和治理体系的创新与现代化，在治理的框架下，政府必须全面推进服务改革与职能转型，以建设法治型、服务型、民主型和高效型政府为政治使命。而社会则必须全面进行自我发育和自我革新，以功能发育和能力建设为重点，架构与政府的合作机制，强化与政府的良性互动和有效衔接。在"强国家—强社会"模式下，国家作为社会总体利益的代表在尊重社会独立性的前提下，以双方建立的良性互动机制和共同建立的"契约"为依托合理地介入社会生活过程，维持和保持高度的社会稳定与社会整合，以此来推动社会的良性发育和健康成长。而社会对国家行为做出有效回应，从而达到国家和社会的协调合作、互相监督与共同发展的良性互动机制。

社会治理机制和结构的创新和优化需要国家构造"强政府—强社会"的互构模式，在政府自身能力建设和职能转型的有效推动下，由"大政府""小社会"向"小政府""大社会"稳步推进。充分发挥社会力量和社会资本在社区与社会中的作用，通过社会组织发育和市场机制的成熟来拓展社会治理空间；发挥市场在资源配置中的决定性作用，塑造政府在社会治理中的主导作用，在政社良性互动和有效衔接机制下，使社会治理的能力进一步加深和强化。

综合理论和实践，从我国政府与社会关系的历史变迁与现实形态来看，"弱政府—弱社会"显然不符合我国的历史和现状，中华人民共和国成立初期到改革开放前这30年则被认为是"强政府—弱社会"的经典模式。改革开放40年以来,在市场化和社会化的大潮的冲击下,我国社会力量不断增强,正朝着"强政府—强社会"的国家与社会关系的模式发展。

二 国家社会演进中的社区建设实践问题

长期以来,由于受计划经济体制的影响,我国处于一种"强政府—弱社会"的状态。在"强政府—弱社会"时期,社区管理与服务主要是以行政为主导的自上而下的管理和服务方式,社区建设最早也是由政府单向度行政推动下而进行的。随着社会主义市场经济的发展以及社会化的影响,社区建设逐渐由单向度的行政推动转向政府与社会的互动模式;与此同时,政府与社会的关系也正在从"强政府—弱社会"向"强政府—强社会"的方向发展与演进。然而,由于制度惯性和市场经济起步较晚的原因,在"强政府—弱社会"到"强政府—强社会"的变迁过程中,我国社区建设面临着社会工作者能力较弱,社会活力不够,居民参与不足等问题,这都是制约社会发展壮大的限制性要素。

(一) 社工人才队伍建设滞后,社会工作者能力较弱

社会工作者是构建和谐社会中的"减压阀"与"减震器",是社会治理的有效主体。然而我国社会工作发展相对滞后,职业认同度不高,政府支持力度不大,社会工作者缺口较大,实务能力不高。同时,现有的社会工作者队伍年龄结构不合理,文化程度不高,专业知识不足,技能培训不到位,社会工作能力普遍较低,不能有效地解决社会问题,与民众的需求还具有一定的差距。

首先,社工人才缺口较大,总量不足。就专业社会工作者占总人口的比例而言,美国为20‰,日本为50‰,加拿大为2.20‰,我国香港地区仅注册的社会工作者就占总人口1.7‰。[1] 据统计,我国目

---

[1] 李立国:《社会工作和社会工作人才队伍建设》,在全国民政系统社会工作人才队伍建设推进会上的讲话,2006年12月12日。

前在职在岗的社会工作人员总数大约为100万,而我国现有老年人口1.4亿,残疾人口6000万,城乡贫困人口5000万,我国当前仅这些特殊群体大约就需要社会工作人才300万。① 并且,我国社会工作者分布不均,主要集中于大城市、省会城市、沿海经济发达城市,在广大中西部欠发达地区,社会工作者尤为缺乏。随着经济和社会的发展,社会矛盾和社会问题越来越多,社会工作者的需求将不断上升,由此可见,我国社会工作人才严重不足。

其次,社会工作人才专业化、职业化建设滞后,年龄偏大。从专业化的角度来看,当前我国社会工作最高学历为硕士研究生,且具有硕士研究生招生资格的高校较少,毕业后大部分社会工作专业学生并未从事社会工作而转向其他领域。真正从事社会工作的群体大部分缺乏专业和系统的学习与培训,且持证率较低。从职业化来看,我国当前缺乏统一、规范的社会工作岗位设置与职业规划;且社会工作工资待遇普遍偏低,收入来源单一,缺乏晋升渠道,不少社会工作者只是把社会工作当作职业生涯的一个跳板,造成了社会工作人才流失严重。从年龄结构看,社会工作从业者年龄普遍偏高,不少专职社会工作人员在近几年中将面临退休,部分退休返聘人员因为年龄偏大和身体原因,也不能长久从事社会工作。这些已成为社会工作人才队伍发展的瓶颈。

(二) 社区居民参与水平低,社会活力不足

增强社会活力是社会治理的目的和归宿,然而当前我国社会活力不足,居民自治能力和社会调节能力滞后,居民参与公共事务动力不足,热情不高,社会公共规则意识尚未形成,公共价值理念有待确立。社会组织内部管理结构不合理,规章制度不完善,职业培训体系缺失,外部公共政策支持乏力,法律法规供给不足,社会组织成长缓慢,难以有效地承接政府公共服务以及回应社区居民的现实需求。

从社区建设层面来看,我国社会活力不足具有多面性。一是社区

---

① 陈立栋:《我国社工人才培养路径取向探析》,《中国成人教育》2013年第8期。

居民参与积极性不高，参与能力不足。我国社区建设主要是在政府的推动下而进行的，具有强烈的国家建构主义色彩，而社区居民参与社区主要基于自身的利益是否能够得到满足，自身是否具有参与社区的相关需求。由于当前社区主要以行政手段划分的，其自治范围也比较大，在城市陌生人社会中，很难形成社区居民的公共参与。居民参与也呈现出了"老龄化""妇女化""娱乐化"等特征。然而，由于政治文化的影响、社区居民自身组织的局限，当前社区居民参与能力普遍也存在不足之处。

二是社会组织管理体制滞后，成长缓慢。我国社会组织治理能力的提升陷入了体制性困境，社会组织与政府关系处于一种相互依赖的关系，政府一方面要积极推动社会组织的发展，另一方面又通过种种方法将社会组织的发展限制在政府的可控范围内，加上社会组织的策略的市场化偏好以及社会组织自身建设落后，腐败、信任危机等，其治理能力大打折扣。[①] 官方和民间对社会组织的不信任态度，是我国社会组织治理能力提升的思想阻力；双重管理体制下社会组织定位不明确、缺乏应有的自治性和独立性；跨地区限制原则和非竞争原则造成社会组织缺乏积极进取和协同行动；培育发展机制的不健全导致我国社会组织的自我生存与发展陷入困境；监督管理机制不健全造成我国社会组织的公信力不高。[②] 这些都成为我国社会组织发展壮大的制约因素。

三是政府行政管理机制与社区居民自治机制难以有效衔接。政府行政管理机制是指政府通过机构、人员、经费、制度的设置，以行政的方式延伸进社区的一种政府管理机制；社区自治机制则是由社区居民自我管理、自我教育、自我服务为主的基层群众自治活动。我国城市社区自国家建构产生以来就带有浓厚的行政色彩，行政化倾向较为严重，社区党组织、居委会、工作站几乎包办了社区居民的一切。随

[①] 文军：《中国社会组织发展的角色困境及其出路》，《江苏行政学院学报》2012年第1期。

[②] 张澧生：《社会组织治理能力提升的困境与创新路径》，《江西社会科学》2014年第7期。

着社区建设理论与实践创新的发展，各地纷纷探索政府行政管理机制与社区居民自治机制的有效衔接，但社区去行政化的效果并不明显。由此，两种不同治理机制的矛盾和紧张一定程度上抑制了社区的社会活力。

在社会主义市场经济体制不断完善、市场经济力量不断壮大、社会各种力量不断重新分化与组合的背景下，政府与社会的关系发生了深刻的变化。在"强政府—弱社会"向"强政府—强社会"的发展历程中，培育和发展社会组织、促进社区居民广泛而深入的公共参与、建设高素质的社工人才队伍是当前社区建设的重要发展方向。而由于一些历史遗留问题、体制机制问题以及发展阶段固有局限的阻碍，政府与社会关系的变迁必然是一个历史长久、波澜壮阔的发展过程，需要理论的创新与实践的不断反复检验与调适方可达至目的。

第二节　长沙市开福区社工人才队伍建设与政社关系的新变化

在市场化与社会化的大潮下，伴随着我国社区建设的进一步推进，政社关系逐渐呈现出了由"强政府—弱社会"到"强政府—强社会"的发展态势。开福区作为全国社区治理和服务创新试验区，充分理解国家治理体系与治理能力现代化这一全面深化改革的目标，把握时代发展脉搏，推出了以社工人才队伍建设为重点的一系列改革创新措施，顺应了这一发展潮流。通过推进社工人才队伍建设等一系列社区治理与服务创新工程，培育了大量的社会组织、改善了基层治理结构、更新了社区服务的形态，是政府与社会关系变化的一个缩影。从开福区社工人才队伍建设来看国家与社会关系的变化，主要表现在三个方面：社工人才队伍建设促进了社会力量的增强；推动了全能政府向有限政府转变；加强了政府与社会之间的互动与合作。

一　社工人才队伍建设促进了社会力量的发展

总体来说，社会力量包含了个体社会人、由社会个体而形成的组织化的社会团体以及更大的社会联合体。社工人才作为人才系统中的一种,其从事的工作具有专业性和职业性。同时,社会工作也有其自身的特殊性,社会工作是以助人为乐宗旨,运用专业知识、理论和方法,协调社会关系、预防和解决社会问题、促进社会公正的专门职业。[1] 从事社会工作的社工人才队伍也是社会力量的重要组成部分。开福区的社工人才队伍建设一方面提高了社会工作者的专业技能,对社会力量的增强是毋庸置疑的;另一方面,社工人才队伍技能的提高也提高了社工机构的工作效率,改善了社工机构的工作效果,使更多的社会组织得以培育和发展。在此基础上,社会组织联合会应运而生,社会组织联合会作为社会组织自愿的联合体,独立于政府体制之外,通过搭建社会组织与政府的桥梁,进一步增强了社会力量的自主性。

(一) 提高了社会工作者的专业工作技能

社会工作具有很强的专业性和综合性,对个人的专业知识和综合素质要求较高。湖南省社会科学研究院人才研究所所长胡跃福认为,专业化的社会工作是社会工作专业价值和独特理论的一种具体化和操作化,是实务社会工作的方式、方法、程序和步骤。与一般的行政管理工作和社会服务工作不同,社会工作尤其强调其专业方法和技能的运用。[2] 开福区通过建立一系列的培训、考评、评估、激励制度加强社工人才队伍的建设无疑增强了社会工作者的专业技能。

从社区社工的角度来看,开福区社工人才队伍建设促进了社区工作人员在思想观念、工作方式、工作能力等全方位的转变。首先,在思想观念上、传统上,社区工作人员被认为是政府在基层社会的执行机构,代表和执行的是政府的意志,从而在思想上也延续了政府部门官僚包办的色彩。随着社会经济的发展,社会快速转型,各种社会公共事务日趋复杂,社会矛盾频发,在传统的包办观念指导下开展社区

---

[1] 陈宇鹏:《职业化和专业化:社工人才培养的路径选择》,《中国人才》2011年第7期。
[2] 蔡秀萍:《专业化和职业化:社工人才开发之路——"贯彻十七大精神,大力加强社会工作人才队伍建设"主题研讨会综述》,《中国人才》2008年第3期。

工作既吃力又不讨好，社区工作人员承担了大量的社会事务，而居民仍然对其工作不满。面对社区工作人员吃力不讨好的尴尬，开福区适时解放思想，实事求是，首先从观念上明确了社区工作人员的定位，促进了社区工作人员的角色由包办的保姆转向社会治理的引导者。

通过塑造社区社工脚踏实地、以人为本的思想观念，拉近了社区居民与社区工作者的关系，增强了社区认同感；专业化的机构社工积极引导社区居民参与各种公益活动、互助活动、志愿活动，培育和孵化社区社会组织，活跃了社区社会资本，促进了社区居民、社区居委会、社区社会组织之间的交流。如彭家巷社区倡导的"五个一""五个不让"[①] 提高了社区工作效率和服务态度，使得社区与居民之间的关系更加和谐。在这种思想观念的指导下，社区工作人员负担也减轻了，社区居民的满意度不断提高。

其次，在工作方式上，传统的工作方式比较单一，基本上沿用了政府行政化的一套工作方式，并且对现代科学技术的运用率较低。而开福区在社工人才队伍建设中特别注重对社区工作人员工作方式的培训和运用。对于一些优秀的社会工作人员创造出来典型的工作方式进行表彰和经验推广，并在信息技术的运用以及互联网技术的普及上做了大量工作，如组建"1+5+X"的网格管理服务团队、延伸电子政务覆盖网、整合部门信息、设立社区公共服务信息查询终端，实现民有所呼、我有所应，民有所需、我有所为。

同时，工作方式也由原来的保守迈向了当前的创新，如把党的群众路线教育实践活动与社区志愿者活动、邻里互助活动、居民自发组织的活动紧密结合起来，充分发挥社区党员、社区工作者、专业社工、社区义工、"五老"等队伍的作用，开展形式多样、内容新颖的爱心便民互助服务。此外，由于社区工作人员角色由管理者向服务者转换，其工作态度也不断转变，在一系列的培训和考核中，社区工作

---

① "五个一"是指说好每一句话，接好每一个电话，办好每一件事情，接待好每一个服务对象，做好每一天工作；"五个不让"是指不让工作在我这里拖延，不让差错在我这里发生，不让矛盾在我这里激化，不让来办事的居民在我这里受到冷落，不让社区形象在我这里受到影响。

人员的综合素质大幅提升，工作能力不断增强。

从机构社工来看，机构社工也就是专业化的社工机构的工作人员。社工机构是社会工作服务社会治理的载体，而社工机构必须由机构社工来进行运作。因此，机构社工对社会治理和服务同样具有重要的作用。开福区对于机构社工人才的建设尤为重视，在试验区创建以来，社工机构不断增加，社工机构从业人员逐步增加，机构社工的工作能力、持证率、学历等综合素质也不断增强。2010—2015年，开福区由民政局、区委党校、组织部等部门组织了社区社工与机构社工参与党建培训、社会工作考前培训、社区党建与社会治理、社会治理创新、社区干部培训等累计培训1696人次；重点突出社会工作理念方法、专业知识、职业操守等方面的教育，大幅提升了社区社工与机构社工的专业技能和工作方法。同时，社工人才队伍持证率总体上呈现出了上升的趋势，这对于推进社工人才队伍的专业化建设具有重要的作用。

在社工机构不断增加的基础上，社会组织联合会应运而生，承担了对社会组织的评估工作，这有助于刺激社工机构完善自身管理制度，改进工作方式，更好地服务于社区和居民的日常生活，更好地解决社会问题。

(二) 促进了社会组织的发展

社会组织指政府与企业以外，面向社会自主提供某个领域公共服务的法人实体。现代社会出现大量的社会组织是历史发展的产物，社会组织的发展对完善社会治理起着重大作用。[1] 社会组织是社会力量的重要组成部分，是社会力量组织起来的载体，分散的社会力量通过组织起来从而发挥了更大的作用。在计划经济时期，国家无所不包，社会力量比较弱小，各类社会组织发育缓慢，甚至传统的一些社会组织在社会主义革命中也遭到了粉碎性的打击。改革开放以来，随着市场经济的发展，市场化和社会化趋势不断加强，政府从部分领域退出

---

[1] 张尚仁:《社会组织的含义、功能和类型》，《云南民族大学学报》(哲学社会科学版) 2004年第2期。

来了，社会力量得以重新发育并通过社会组织而组织和表现出来，在社会治理和公共服务领域中发挥了不可替代的作用。

开福区高度重视社会组织在社区治理与服务创新中的功能，社工人才队伍的建设也促进了社会组织的发展。开福区进行社工人才队伍建设，大力推行社区治理社会化，为社会组织提供了组织运行和发展所必需的人才。人才对于一个组织的重要性是不言而喻的，开福区社工人才队伍建设大力推进社工人才的专业化、职业化、年轻化和知识化，为社会组织的发展培育了必要的人才支持。

一方面，社工人才队伍建设推动了社工机构的专业化和组织化；机构社工作为社工人才队伍的重要组成部分，是社工机构的人才支撑，对社工机构的建立、运营、维护和发展具有至关重要的作用；通过机构社工的引进、培训和激励，其专业技能大幅提升，促进了社工机构的专业化运营。同时，机构社工参与社区治理的过程中，利用专业技能将社区居民、社区居委会、社区社会组织、社区志愿者等社区要素连接起来，大大提高了社区治理的组织化程度。

另一方面，社工人才队伍建设加强了社会资源的整合，为社会组织的发展提供了丰富的资源。资源是组织发展的必备条件，按照不同的领域来看，资源包含了政府资源、社会资源、市场资源；按照资源的性质来看，包含了人力、物力、财力、智力等资源。通过高素质的社工引导，社会组织在发现居民需求，申报相关社会建设项目以及公益创投项目方面的能力不断提高，也有利于社会组织获得政府资源。并且，社工人才队伍的建设为社会组织的资源链接提供了良好的条件，加强了政府资源、社会资源以及市场资源之间的整合，促进了资源的充分利用。

通过上述策略，2012年以来开福区社会组织发展迅速，社区社会组织由原来的542个增加到2015年的631个，社工机构由2011年的9家增加到2015年的25家，其中包括专业类的18家，综合类的7家。试验区申报建设以来，无论是社区社会组织还是社工机构都呈现了稳步上升的趋势。

（三）社会自主性不断增强

西方国家社会管理变迁的历史经验表明，社会管理的本质是构建以社会自主性为基础，社会自主与国家自主合作互动的社会秩序。我国在从全能型国家——总体性社会过渡为转型国家——分化性社会的过程中，社会过于依赖国家，社会自主性不足，国家又兼具自主性过度和不足的问题，难以较好协调经济和社会的矛盾。因此，我国社会管理创新主要应体现在两个方面：一是建构社会自主性的基础；二是修正国家自主性过度与不足。[1]

社会领域包括三个层次的行动主体：个人、个人结成的社会组织以及社会组织的合作所形成的更大实体。个人本身不是社会，但是具有代表性的个人可以代表社会，使社会被作为一个整体被感知。社会组织是一种社会结合的形式，它们倡导一些理念，制造一些事件，构成"社会"的呈现方式，造成公众对于"社会"的特定认知。社会组织的联结与合作，尤其是大量发生的和大规模的社会组织合作，使整个社会可以在一定意义上被动员起来，实践共同的价值。[2]

开福区通过推动社工人才队伍建设，充分发挥社会工作者在社会治理和服务中的作用，增强了社会组织的自主性以及社区居民参与的自主性，对于增强社会自主性具有重要的作用。社工人才队伍建设对社会自主性的增强主要表现在个人和组织两个面向。

首先，个人社会自主性不断增强。通过社工人才队伍建设，开福区社区居民在日常生活以及政治生活中的自主性得到了强化。一方面，社区居民日常生活更大程度地融入了当地的市场和社会当中，居民生活上碰到问题后，不再把政府当作唯一的求助对象，不再事事依赖政府，而是求助于市场和社会，其中社会组织在弱势群体的帮扶方面发挥了重要的作用，社区居民的日常生活与国家逐渐分离出来。另一方面，社区居民的政治自主性也得到了增强，与传统上居民政治参

---

[1] 姚莉：《基于自主性的秩序构建：社会管理及其创新——以国家—社会关系为视角》，《甘肃社会科学》2013年第3期。

[2] 高丙中、夏循祥：《社会领域及其自主性的生成》，《北京大学学报》（哲学社会科学版）2015年第5期。

与冷漠、政府动员参与不同，当前社区居民的政治参与意愿和参与能力不断增强，政治上已经有了自己的立场，一些社区积极分子在社区治理和公共服务中发挥了重要的带头作用。

值得关注的是，社工人才队伍建设一定程度上也提高了社区志愿者的自主性。传统上，我国社工人才是极其缺乏的，在社工人才稀少的情况下，一些社区居民并没有参与志愿活动的意愿，部分社区居民即使有参与志愿活动的意愿却缺乏参与的渠道与方法。社工人才队伍建设使得社工人才的数量和质量大幅提高。对于促进社区志愿活动的参与起到了至关重要的作用。一是通社工理念的宣传，公益思想的传播吸引了部分居民参与志愿活动，并通过连接社工机构和社区，为志愿活动的参与提供了平台。二是通过社工引导和介入，一些社区志愿者组织被建立起来了，促进了社区志愿者的组织化参与。三是通过制定积分兑换等相关志愿者管理制度，为社区志愿参与提供了持续的发展动力，推动了志愿参与的常态化。在不断参与助人自助的志愿活动中，社区志愿者队伍逐渐壮大，其参与志愿活动以及自我管理的能力也得到了提高。

其次，组织的自主性逐渐增强。组织主要指的是社会组织自主性不断增强。改革开放以来，我国社会组织的发展经历了社会在政府的夹缝中生存——政府主导下社会空间的不断拓展——政府与社会的良性互动三个发展阶段，当前呈现出了蓬勃的发展趋势。[①] 开福区推行的社工人才队伍建设无疑是推动了社会组织的发展。随着高素质的人才队伍建设，无论是社区还是社会组织不再是政府的附属机构和执行机构了，高素质的综合人才的注入让社区和社会组织在自身发展和活动开展中的自主性增强了。由于社会组织的蓬勃发展，开福区成立了社会组织联合会，在社会组织的发展、评估方面发挥了不可或缺的作用，政府通过购买的形式，让社会组织联合会自主开展评估活动，进一步增强了社会的自主性。

---

① 刘西忠：《政府、市场与社会边界重构视野下的社会组织发展》，《江苏社会科学》2014年第6期。

二 社工人才队伍建设推动了全能政府向有限政府转变

政府与社会职能边界的划分在理论上难有统一标准,而在实践中更为复杂和模糊,现实中存在诸多问题,如本属政府履行的职能却转嫁给社会;混淆政府的监管责任与社会的具体落实责任;政府职能无限延伸,侵蚀社会自治;转移职能却未能"费随事转";等等。尽管政府与社会的边界划分没有统一、放之四海而皆准的标准,但从有限的经验来看,我们也可以大体上总结一些可能的划分原则。凡属政府应当履行的职能,必须由政府履行,凡属于社会和市场可自行解决的职能,则必须交由社会和市场完成。

属于政府职能范围的事务应该具有以下特征:首先,这些职能具有不可替代性,只能由政府来行使,其他任何组织不可替代;其次,必须提升政府能力,强有力地履行这些职能;最后,这些职能必须由国家公职人员代表政府来行使。属于社会和市场自行解决的职能范围应该是具体的经济活动、微观的经济管理、群众自治性活动、具有工具性的社会治理活动等。① 改革开放以来,政府逐渐从市场和社会领域中退出,但由于计划经济的残留,市场经济不健全,以及我国基本经济制度和政治制度的不完善,政府干预市场,侵入社会领域的事情时有发生。开福区推进社工人才队伍建设使得政府与社会的边界逐渐明晰。改革开放以来,国家权力对市场领域和社会领域的作用范围与方式发生了巨大的变化。一方面,国家权力从社会领域不断退出,国家权力的边界逐渐明晰,作用范围逐渐缩小;另一方面,在市场化和社会化大潮的冲击下,国家权力的作用方式呈现了多样化的发展态势。开福区积极推行社工人才队伍建设进一步强化了这一发展趋势。

(一) 社工人才队伍建设改变了政府的职能定位

随着社会经济的发展,社会事务越来越复杂,政府机构越来越庞大,政府逐渐不堪重负,开福区通过培养社工人才队伍,大力发展社

---

① 徐宇珊:《政府与社会的职能边界及其在实践中的困惑》,《中国行政管理》2010年第4期。

会组织，以往由政府大包大揽的公共事务和公共服务部分地交给了社工和社会组织，大大减轻了政府的负担。在社工人才队伍建设以及社会组织发展壮大的同时，社会产生了一种倒逼机制，促使政府对其原来的社会事务以及公共服务进行分类，将社会能够做好的事情交给社会做，而必须由政府做的事情得以保留下来。

如此，政府逐渐从部分领域退了出来，将本该由社会承担的权力和责任交给了社会，国家权力的作用范围不断缩小并逐渐明晰。从开福区政府与社会的情况来看，对一些弱势群体的帮扶和救助、特殊群体的护理以及繁荣社区社会资本、增强社区活力等非排他性和竞争性的领域都交给了社会，社会力量在这些领域内呈现出了强劲的生命力。

表5-2　　　　　　　　　政府职能转变前后对比

维度	政府职能转变	
	转变前	转变后
职能定位	以经济发展和社会稳定为主	以提供服务和社会建设为主
职能履行	政府包办	政府引导，社会参与
履职效果	自我考评，上级考评，缺乏监督，经常出现职能错位或越位	自我考评、上级考评、第三方评估、居民监督，履职效果提升显著

（二）社工人才队伍建设改变了政府履职方式

开福区推进社工人才队伍建设，改变了政府的履职方式。传统上社会治理是以单位制为基础，面临的是一种静态封闭、二元分割的社会，其社会治理方式比较单一，主要是以国家计划和行政化为主，治理主体也主要是以政府为主，其他社会主体很难参与进来。长期以来，政府职能的履行主要依靠直接的行政方式，这种指令性的行政方式在履行的过程中面临着忽视社区居民真实需求、导致政府机构膨胀、抑制社会发展活力、加重政府财政负担等问题，履职效果并不好，居民满意度不高。

近年来，政府社会治理的方式发生了巨大的转变。在社会化和市场化大背景下，开福区积极推进社工人才队伍建设，大力发展社会组织，使得社会治理的主体逐渐由一元变成多元，社会治理的方式逐渐由行政化和单一化变为协同化和多样化，行政手段不再是唯一的权力运作方式，而通过财政手段、法律手段作用于社会治理成为新常态。另一方面，政府的公共服务供给方式也发生了根本性的改变，政府购买社会公共服务迅速发展起来。近年来，开福区政府投入大量的资金购买社会组织的服务，使政府的财政资金得到了合理充分的利用，社区居民的公共服务需求进一步得到了满足。面对新的社会发展态势，在新的治理理念指导下，在新的治理方式的运用下，政府逐渐减负，社会活力不断增强，社区治理能力得到了大幅提升。

表 5-3　　　　　　　　政府职能行使方式对比

维度	政府职能的行使方式	
	转变前	转变后
权力的执行	行政命令	政策、文件、立法、引导、监督、评估
行使的机制	政府直接供给机制	政府购买服务、公益创投
行使主体	单一行使	多主体合作，多元共治

三　社工人才队伍建设加强了政府与社会的互动合作

开福区社工人才队伍建设同样加强了政府与社会的互动与合作。在当前政府与社会关系不断变化的背景下，如何加强政府与社会的互动，促进政府行政管理机制和居民（村民）自治机制的有效衔接是政府改革和社会建设的一个重要议题。从当前政府行政体制改革步伐以及社会组织发展的进程来看，政府大量的社会事务需要社会组织去承接，而社会组织的承接能力和自组织能力依然不强。政府面临着放权无人承接，放权和收权的循环；社会组织面临着自身能力建设以及体制适应性和社会自主性不足与社会需求不断增强的尴尬。

开福区大力推进社工人才队伍建设，通过社工人才以及社工机构嵌入基层政府与社区治理体制内，促进了社区治理体制的扩容，也使得社会组织对社区治理体制的适应力进一步增强。这一定程度上使得社会组织对政府行政体制的适应性不断增强，政府体制对社会组织的包容性逐渐扩大，政府与社会互动的方式呈现了多样化的发展趋势。

表 5-4　　　　　　　　　政社互动的变化与表现

维度	传统上	现在
政府与居委会组织	衔接困难	良性衔接
政府与社会组织	依附型	合作型
政府资源与社会资源	分散化	整合与利用
政府与社会合作方式	政府管制社会	购买、外包、委托、嵌入

（一）社会力量对政府体制的适应性不断增强

对我国政府体制的一个重要理论解释是压力型体制。"所谓压力型体制，指的是一级政治组织（县、乡）为了实现经济赶超，完成上级下达的各项指标而采取的数量化任务分解的管理方式和物质化的评价体系。为了完成经济赶超任务和各项指标，各级政治组织（以党委和政府为核心）把这些任务和指标，层层量化分解，下派给下级组织和个人，责令其在规定的时间内完成，然后根据完成的情况进行政治和经济方面的奖惩。"① 随着经济体制改革与行政体制改革的不断深入，我国压力型体制有了向民主合作体制转变的趋势，但只是在工具性的层面上实现了一定的创新，其根本价值依然没变。因此，社会力量的发展也是处于这种压力型体制之下。随着繁重的行政任务层层下压，基层社会在不堪重负的情况下，只能另寻其他途径，充分利用社会力量，加强和社会组织的合作来完成政府治理和公共服务的职能。开福区推进社工人才队伍建设，大力发展社会组织的举措提高了社区工作人员的工作能力，促进了社会组织的发展，基层社会对政府体制的适应性不断增强。

开福区社工人才队伍建设推动了社会组织的建章立制，使社会组织不断走向成熟。伴随着人才队伍建设，社会组织人员的招募、考核、晋升、薪酬、激励、社会保障等规章制度逐渐建立起来，社会组

---

① 荣敬本：《从压力型体制向民主合作体制的转变》，中央编译出版社1998年版，第16页。

织的自组织能力大幅提升。在自身制度完善，实力壮大的基础上，社会组织能够更好地承接政府的公共服务。在不断的招标、投标、中标以及项目运作中，社会组织对政府体制的内在运作机制了解更加深入，这既有利于社会组织更好地发现政府政策的导向，又有利于社会组织对社区居民需求的了解。

在此基础上，社会组织将政府、社会闲散力量、社区居民等各方主体连接起来，加强了各个主体之间的互动，促进了资源在政府领域、社会领域、市场领域之间的优化配置。更重要的是，不断发展的社工人才队伍将西方先进的社会工作理论和方法融入本国的社会工作实践，在实际的工作情景中结合我国的实际情况，加速了西方社会工作理论的本土化，适应了我国社会工作的发展要求。在一批优秀的社会工作者的引导下，社区居民的积极性和创造力不断迸发，促进了社区治理和服务的创新。

(二) 政府体制对社会力量的包容性大幅提升

尽管我国政府体制是一种压力型体制，但政府的治理体系历来是"上下分治"的，即上层执掌治官权而下层握有治民权。所谓治官权就包括中央政府选拔、监督和奖惩地方官员的权力；而治民权是指地方政府管治属地民众的权力。只要地方官员不违背中央的原则性方针，均可灵活地运用所属权力处置地方事务。[①] 因此，我国政府体制在基层本身就拥有一定的包容性，上层只是负责制定大政方针、纲领性的东西，而地方政府则将这些方针政策运用到基层社会中，至于采用何种办法来解决上级所摊派的事情，则是由地方政府说了算。

开福区积极推进社工人才队伍建设，促进社会组织的发展，充分运用社会组织的优势解决社会转型中所出现的社会问题，为社区居民提供个性化的公共服务，这只是地方政府进行社会治理，提供公共服务的一种方式而已。而推进社工人才队伍建设，促进社会组织的发展，充分利用社会力量解决政府所遇到的难题，这在一定程度上也提

---

① 詹轶：《论中国社会组织管理体制的变迁——现代国家构建的视角》，《武汉大学学报》(哲学社会科学版) 2015 年第 4 期。

升了政府体制对社会力量的包容性。

目前地方政府形成了三种社会组织的分类治理模式：第一，推动人民团体及免登记团体的枢纽性社会组织建设；第二，对服务性社会组织进行项目制的组织治理；第三，通过领袖吸纳、组织（结构）吸纳与职能吸纳的方式，将草根化、多元化的利益表达性社会组织并入政治体制。这是一种更为积极、主动而精致的分类治理体系，它显示了体制扩容的政治特征，也表明实践性政治知识的生长。①

开福区在推动社工人才建设的同时，对服务性的社会组织进行了项目制管理，通过政府购买服务、公益创投等方式让社会组织承接政府社会建设相关项目，在此基础上建立了枢纽性的社会组织——社会组织联合会，并通过政协系统、人大系统将这些草根化、多元化利益表达的社会组织领袖吸纳到政治体制内，大幅提升了政府对社会组织的包容性。如长沙市开福区社区助理服务中心（安易佳·一点通）的主要负责人均为政协成员，拥有丰富的政治资源与社会资源，在政府与社会之间架起了一架沟通的桥梁。为实现政府与社会的互动提供了人力资源基础、组织结构基础和社会基础。

（三）政府与社会的互动与合作方式多样化

党的十八大提出"加快形成政社分开、权责明确、依法自治的现代社会组织体制"的内涵意义，十八届三中全会提出"创新社会治理体制，激发社会组织活力"。这为我国当前正确处理好国家与社会关系，超越国家与社会二元对立，实现国家与社会的互动协同指明了发展方向。改革开放以来，社会组织发展迅速，活动范围也不断扩展，国家与社会的互动初步显现出来，各地方政府正在大力推进地方政府治理创新，探索政府与社会的互动方式。② 开福区以社工人才队伍建设为突破口，推动社会组织的发展，实现了政府与社会（社会组织）的良性互动，政府行政管理与居民自治的有效衔接。

---

① 王向民：《分类治理与体制扩容：当前中国的社会组织治理》，《华东师范大学学报》（哲学社会科学版）2015年第5期。

② 王海军等：《国家与社会互动：现代社会组织体制的构建及实证研究——以北京社会组织建设管理为例》，《中国农业大学学报》（社会科学版）2014年第4期。

首先，社工人才队伍建设加强了政府资源与社会资源的互动。政府资源和社会资源是完全不同的两个范畴，政府资源具有公共性、非竞争性和非排他性，而社会资源则是竞争性和排他性的。传统上，社会问题的解决主要依靠政府解决，对弱势群体的帮扶，对特殊群体的救助，对公共设施的投资和建设主要靠政府财政，随着人民群众日益增长的公共服务需求，政府财政不堪重负，逐渐满足不了社区居民的公共服务需求。

开福区通过大力推行社工人才队伍建设，促进社会组织发展，实现了政府资源与社会资源之间的互动，政府通过投入一定的财政资金对社会工作人员进行培训和考核，购买社会组织的服务，而社会组织利用政府的投资，通过组织建设，对社工人才进行管理，进行社会资源的链接，调动了大量的社会资源参与到社会治理以及公共服务的供给中来。这提高了政府财政资金的使用效率，促进了社会组织的发展，整合了闲散的社会资源，实现了政府、社会、社会组织之间互动协同。如2014年预算420万元投入社会组织体系建设，790万元用于社会工作以及社区建设项目的购买，2015年用于扶持社会组织发展、购买机构服务以及发放社工工资福利达到了325万元，社会工作以及社区建设项目投入了125.35万元。[①] 政府投入大量财政资金的同时，社工机构以及社区积极链接社会资源，包括国际基金、辖区单位、公益募捐、企业法人、高校、医院等事业单位等，加强资源的整合与利用。

其次，促进了政府组织与社会自治组织之间的互动。探索居民自治的有效实现形式，实现政府行政管理与社会自治组织的衔接机制是当前基层治理发展的一个重要趋势。开福区进行社工人才队伍建设，促进社会组织发展的举措增强了社区自组织能力和居民自治能力。社区组织不再只是执行上级政府的行政下派任务，在处理好行政任务的同时，依靠优秀的社工人才加强对社区社会组织、社区积极分子以及社区居民的引导，开展自治性、互助性、公益性的社会自治活动。由

[①] 数据根据开福区2014年以及2015年社会治理创新预算表整理而得。

此，社区事务逐渐被划分为政府下派的行政性事务以及社区内生自治性、服务性的活动，通过引导社区社会组织、社区积极分子以及社区居民的参与给社区行政性事务和自治性事务创造了舒缓空间，促进了政府组织与社会组织之间的互动，实现了政府行政管理和居民自治之间的有效衔接。

四 回顾与展望

开福区推进社工人才队伍建设，促进社会组织的发展，实行政府购买服务推动了社区社工、机构社工、社区居委会、社区社会组织、社区居民、社区公共服务和社区治理结构的一系列变化，加强了政府与社会的互动、优化了社会治理结构。这一举措适应了当前政府行政体制改革的需要，也符合了社会发展的潮流，在促进政府与社会互动协同，实现"强国家—强社会"的国家与社会关系上迈出了坚实的一步。

从长远来看，要实现政府与社会的互动与合作，从宏观层面来看需要政府与社会相互增权。国家与社会二者之前并不是截然对立的关系，西方国家无论从理论上还是历史发展的事实上都证明了"强国家—强社会"这一理想类型的正确性，并且表明国家和社会之间的确能够达致双赢的结局。[①] 就我国的现实情况来看，法团主义对建立合理的国家与社会具有重要的启示意义。[②] 国家与社会的相互增权，并最终形成"强国家—强社会"的关系格局。

从微观层面来看，要推进城乡基层社会自治，探索村（居）民自治的有效实现形式。无论是农村的村民自治还是城市的居民自治，都带有强烈的国家建构主义色彩，尽管我们鼓励基层自治的创新，但在制度和法律层面始终离不开国家的建构。事实上，我国基层群众自治发展是一个国家不断放权的过程，必须与基层社会的发展水平相适

---

① ［美］莱斯特·萨拉蒙等：《全球公民社会——非营利部门的视界》，贾西津等译，社会科学文献出版社2002年版，第78页。

② 顾昕：《公民社会发展的法团主义之道》，《浙江学刊》2004年第6期。

应，否则就会陷入一放就乱、一收就死的尴尬境地。在国家与社会的互动上，一方面要发挥国家建构的作用，另一方面要培育基层社会的自主性。通过适应时代发展的要求，改革现有社会和行政管理体制，运用现代化的治理技术，探索国家与社会多样化的互动形式，在发展中不断调适政府与社会的关系，实现政府与社会关系的分工协作和动态平衡。

参考文献

一 学术著作

[美] 艾伦·克拉特：《社区福利与公共福利》，麦哲伦国际公司译，东北师范大学出版社2008年版。

陈伟东：《社区自治：自组织网络与制度设置》，中国社会科学出版社2004年版。

陈新祥、陈伟东主编：《城市社区工作理论与实务》，中国社会出版社2014年版。

陈幽泓主编：《社区治理的多元视角：理论与实践》，北京大学出版社2009年版。

[美] 戴安娜·M.迪尼托：《社会福利：政治与公共政策》，杨伟民译，中国人民大学出版社2016年版。

[美] 戴维·A.哈德凯瑟等：《社区工作理论与实务》，夏建中译，中国人民大学出版社2008年版。

[美] F.埃伦·内廷等：《宏观社会工作实务》，刘继同等译，中国人民大学出版社2006年版。

[德] 费迪南德·滕尼斯：《共同体与社会》，林荣远译，商务印书馆1999年版。

何晓玲：《社区建设模式与个案》，中国社会出版社2004年版。

胡宗山：《社区自治实务》，武汉出版社2004年版。

黄平、王晓毅主编：《公共性的重建：社区建设的实践与思考》，社会科学文献出版社2011年版。

江涛：《社会工作基础与实务》，中国社会出版社2016年版。

姜振华：《社区参与与城市社区社会资本的培育》，中国社会出版社2008年版。

［美］莱斯特·萨拉蒙等：《全球公民社会——非营利部门的视界》，贾西津等译，社会科学文献出版社2002年版。

黎熙元等：《社区建设：理念、实践与模式比较》，商务印书馆2006年版。

李金红：《社区权力：一个城市社区治理结构的政治社会学解读》，湖北人民出版社2015年版。

李素菊、袁光亮主编：《社会工作与社区研究》，社会科学文献出版社2010年版。

林顺利：《社会工作系统嵌入民政工作机制研究》，河北人民出版社2016年版。

刘群慧：《社会工作人力资源开发与管理》，中国经济出版社2016年版。

卢爱国：《使社区和谐起来：社区公共事务分类治理》，中国社会科学出版社2013年版。

［英］罗伯特·亚当斯：《社会工作入门》，何欣译，北京大学出版社2016年版。

［英］马尔科姆·派恩：《现代社会工作理论》，叶鹏飞译，中国人民大学出版社2008年版。

民政部基层政权和社区建设司主编：《全国和谐社区建设理论与实践》，中国社会出版社2009年版。

民政部社会工作司主编：《社会工作政策汇编》，中国社会出版社2016年版。

潘小娟：《中国基层社会重构：社区治理研究》，中国法制出版社2004年版。

潘小娟等：《城市基层权力重组：社区建设探论》，中国社会科学出版社2006年版。

荣敬本：《从压力型体制向民主合作体制的转变》，中央编译出版社1998年版。

沈荣华：《社区体制创新：以苏州江平社区为例》，中国社会科学出版社 2010 年版。

隋玉杰：《社会工作：理论、方法与实务》，中国社会科学出版社 1996 年版。

王巍：《社区治理结构变迁中的国家与社会》，中国社会科学出版社 2009 年版。

吴莹：《社区何以可能：芳雅家园的邻里生活》，中国社会科学出版社 2015 年版。

奚从清：《社区研究：社区建设与社区发展》，华夏出版社 1996 年版。

夏建中、[美] 特里·N. 克拉克等：《社区社会组织发展模式研究：中国与全球经验分析》，中国社会出版社 2011 年版。

徐勇、陈伟东主编：《社区工作实务》，高等教育出版社 2003 年版。

杨团：《社区公共服务论析》，华夏出版社 2002 年版。

殷妙仲、高鉴国主编：《社区社会工作：中外视野中的交流》，中国社会科学出版社 2006 年版。

于燕燕：《社区自治与政府职能转变》，中国社会出版社 2005 年版。

曾凡军：《基于整体性治理的政府组织协调机制研究》，武汉大学出版社 2013 年版。

张勇：《新中国城市社区建设：回顾、反思与前瞻》，中国社会科学出版社 2014 年版。

赵芳：《社会工作伦理：理论与实务》，社会科学文献出版社 2016 年版。

郑中玉：《社区的想象与生产》，中国社会科学出版社 2016 年版。

周红云：《社会管理创新》，中央编译局出版社 2013 年版。

周沛：《社区社会工作》，社会科学文献出版社 2002 年版。

二　期刊论文

蔡建旺：《参与式社会治理的温州三重奏——基于社会组织的视角》，《中国民政》2014 年第 5 期。

蔡秀萍：《专业化和职业化：社工人才开发之路——"贯彻十七大精神，大力加强社会工作人才队伍建设"主题研讨会综述》，《中国人才》2008 年第 3 期。

曹海军：《"三社联动"的社区治理与服务创新——基于治理结构与运行机制的探索》，《行政论坛》2017 年第 2 期。

曹志刚：《多重逻辑下的社区变迁——武汉市千里马社区治理模式研究》，《中国行政管理》2013 年第 12 期。

陈华：《非政府组织在社区治理中的角色解析》，《武汉理工大学学报》（社会科学版）2006 年第 1 期。

陈立栋：《我国社工人才培养路径取向探析》，《中国成人教育》2013 年第 8 期。

陈伟东：《居民主体性的培育：社区治理的方向与路径》，《社会主义研究》2017 年第 4 期。

陈伟东：《论社区建设的中国道路》，《学习与实践》2013 年第 2 期。

陈伟东、李雪萍：《社区治理与公民社会的发育》，《华中师范大学学报》（人文社会科学版）2003 年第 1 期。

陈伟东、吴恒同：《论城市社区治理的专业化道路》，《华中师范大学学报》（人文社会科学版）2015 年第 5 期。

陈伟东、许宝君：《社区治理责任与治理能力错位及其化解——基于对湖北 12 个社区的调查》，《华中农业大学学报》（社会科学版）2016 年第 1 期。

陈伟东、尹浩：《"多予"到"放活"：中国城市社区发展新方向》，《社会主义研究》2014 年第 1 期。

陈伟东、张继军：《社区治理社会化：多元要素协同、共生》，《社会科学家》2016 年第 8 期。

陈燕、郭彩琴：《社区治理研究述评》，《重庆社会科学》2016年第3期。

陈宇鹏：《职业化和专业化：社工人才培养的路径选择》，《中国人才》2011年第7期。

成伟等：《社会工作介入社区居家养老服务的方案探索》，《理论与现代化》2013年第1期。

程李华：《城市社区多元治理模式的建构》，《长白学刊》2013年第4期。

费孝通：《居民自治：中国城市社区建设的新目标》，《江海学刊》2002年第3期。

付诚、王一：《公民参与社区治理的现实困境及对策》，《社会科学战线》2014年第11期。

付城：《公民参与社区治理的经验与民主实现形式》，《社会科学战线》2015年第12期。

高丙中、夏循祥：《社会领域及其自主性的生成》，《北京大学学报》（哲学社会科学版）2015年第5期。

顾昕：《公民社会发展的法团主义之道》，《浙江学刊》2004年第6期。

何欣峰：《社区社会组织有效参与基层社会治理的途径分析》，《中国行政管理》2014年第12期。

黄川栗：《专业社会工作嵌入社区公共服务研究》，《四川理工学院学报》（社会科学版）2013年第2期。

霍秀媚：《社区自治：我国社区治理的发展目标》，《广东行政学院学报》2006年第5期。

姜晓萍、衡霞：《社区治理中的公民参与》，《湖南社会科学》2007年第1期。

焦若水：《社区社会工作本土化与社区综合发展模式探索》，《探索》2014年第4期。

康宇：《中国城市社区治理发展历程及现实困境》，《贵州社会科学》2007年第2期。

李德：《从"碎片化"到"整体性"：创新我国基层社会治理运行机制研究》，《吉林大学社会科学学报》2016年第5期。

李建斌、李寒：《转型期我国城市社区自治的参与不足：困境与突破》，《江西社会科学》2005年第6期。

李莉、章君凤：《社区协同治理中的社会工作人才、机构与方法介入》，《学习与实践》2012年第10期。

李文静：《社会工作在社区治理创新中的作用研究》，《华东理工大学学报》（社会科学版）2014年第4期。

刘西忠：《政府、市场与社会边界重构视野下的社会组织发展》，《江苏社会科学》2014年第6期。

刘娴静：《城市社区治理模式的比较及中国的选择》，《社会主义研究》2006年第2期。

刘娴静、邝凤霞：《中国城市社区治理：现状与路径》，《广东省社会主义学院学报》2004年第4期。

马西恒：《社区治理框架中的居民参与问题：一项反思性的考察》，《上海行政学院学报》2004年第2期。

宁华宗：《微治理：社区"开放空间"治理的实践与反思》，《学习与实践》2014年第12期。

施雪华、孔凡义：《美国社区治理及其启示》，《山西大学学报》（哲学社会科学版）2008年第4期。

史云贵：《当前我国城市社区治理的现状、问题与若干思考》，《上海行政学院学报》2013年第2期。

王芳、李和中：《城市社区治理模式的现实选择》，《中国行政管理》2008年第4期。

王海军等：《国家与社会互动：现代社会组织体制的构建及实证研究——以北京社会组织建设管理为例》，《中国农业大学学报》（社会科学版）2014年第4期。

王瑞华：《社会工作介入社区治理的有效路径》，《佳木斯大学社会科学学报》2015年第1期。

王瑞华：《社区治理中社会工作的角色定位》，《广西大学学报》

（哲学社会科学版）2015年第1期。

王思斌：《社会工作在创新社会治理体系中的地位和作用——一种基础—服务型社会治理》，《社会工作》2014年第1期。

王思斌：《社会治理结构的进化与社会工作的服务型治理》，《北京大学学报》（哲学社会科学版）2014年第6期。

王思斌：《试论社会工作对社会管理的协同作用》，《东岳论丛》2012年第1期。

王思斌《社会工作在构建共建共享社会治理格局中的作用》，《国家行政学院学报》2016年第1期。

王向民：《分类治理与体制扩容：当前中国的社会组织治理》，《华东师范大学学报》（哲学社会科学版）2015年第5期。

魏娜：《我国城市社区治理模式：发展演变与制度创新》，《中国人民大学学报》2003年第1期。

魏姝：《中国城市社区治理结构类型化研究》，《南京大学学报》（哲学·人文科学·社会科学版）2008年第4期。

文军：《中国社会组织发展的角色困境及其出路》，《江苏行政学院学报》2012年第1期。

吴光芸：《利益相关者合作逻辑下的我国城市社区治理结构》，《城市发展研究》2007年第1期。

吴光芸、杨龙：《社会资本视角下的社区治理》，《城市发展研究》2006年第4期。

夏晓丽：《公民参与、城市社区治理与民主价值》，《重庆社会科学》2014年第2期。

徐选国：《嵌入性治理：城市社区治理机制创新的一个分析框架——基于对国家—社会关系范式的批判性反思》，《社会工作》2015年第5期。

徐宇珊：《政府与社会的职能边界及其在实践中的困惑》，《中国行政管理》2010年第4期。

严志兰、邓伟志：《中国城市社区治理面临的挑战与路径创新探析》，《上海行政学院学报》2014年第4期。

杨君等：《迈向服务型社区治理：整体性治理与社会再组织化》，《中国农业大学学报》（社会科学版）2015年第3期。

姚莉：基于自主性的秩序构建：《社会管理及其创新——以国家—社会关系为视角》，《甘肃社会科学》2013年第3期。

郁建兴、任泽涛：《当代中国社会建设中的协同治理：一个分析框架》，《学术月刊》2012年第8期。

詹轶：《论中国社会组织管理体制的变迁——现代国家构建的视角》，《武汉大学学报》（哲学社会科学版）2015年第4期。

张宝锋：《我国城市社区治理结构研究综述》，《华北水利水电学院学报》（社会科学版）2006年第1期。

张洪武：《社区治理的多中心秩序与制度安排》，《广东社会科学》2007年第1期。

张雷、张平：《提升社区治理中居民参与自治的动力研究》，《天津行政学院学报》2015年第3期。

张澧生：《社会组织治理能力提升的困境与创新路径》，《江西社会科学》2014年第7期。

张亮：《上海社区建设面临困境：居民参与不足》，《社会》2001年第1期。

张平、隋永强：《一核多元：元治理视域下的中国城市社区治理主体结构》，《江苏行政学院学报》2015年第5期。

张正州、田伟：《政社整合：城市社区自治组织的再造尝试——基于XL社区网格化管理服务改革实践》，《中共福建省委党校学报》2017年第9期。

赵媛：《社区居民参与中的政府角色定位——基于工具理性分析框架》，《西南农业大学学报》（社会科学版）2013年第10期。

郑杭生、黄家亮：《当前我国社会管理和社区治理的新趋势》，《甘肃社会科学》2012年第6期。

郑杭生、黄家亮：《论我国社区治理的双重困境与创新之维——基于北京市社区管理体制改革实践的分析》，《东岳论丛》2012年第1期。

郑杭生、杨敏：《社会互构论的提出》，《新华文摘》2003年第11期。

郑卫国：《发展城市基层民主与加强城市社区党组织建设》，《理论与改革》2010年第3期。

周国文：《公民社会概念溯源及研究述评》，《哲学动态》2006年第3期。

朱健刚、陈安娜：《嵌入中的专业社会工作与街区权力关系——对一个政府购买服务项目的个案分析》，《社会学研究》2013年第1期。

朱仁显、邬文英：《从网格管理到合作共治——转型期我国社区治理模式路径演进分析》，《厦门大学学报》（哲学社会科学版）2014年第1期。

邹鹰等：《"三社联动"社会工作专业主体性建构研究——基于江西的经验》，《社会工作》2015年第6期。

后　　记

　　随着社区建设的进一步推进和深入，社会工作人才队伍成为社区治理与服务的重要主体。作为全国社区治理和服务创新实验区的开福区紧紧把握改革和发展的要点，在实验期内推出了以社会工作才队伍建设为重点的一系列改革创新措施，取得了诸多值得政界和学界共同借鉴的经验。2016年9月，长沙市开福区民政委以项目形式委托华中师范大学（湖北）城市社区建设研究中心（以下简称"中心"），参与开福区社区建设状况的调查，提炼开福区社区治理和服务创新的经验，并为未来社区发展提供一些建议和指导。

　　中心团队在陈伟东教授、胡宗山教授、张必春副教授的带领下迅速成立了专项课题组，经过多次讨论，最终确定了推进本课题的基本思路和技术路线。2016年10月至2017年2月，课题组赴长沙市开福区进行了深度调研。调研过程中，课题组分类整理所收集的各项资料，并且认真仔细对资料进行了分析。之后，在调研的基础上，课题组将开福区近几年在社区治理与服务创新上的典型做法提炼为"组合式发展模式"，其核心是创新社会工作人才队伍的建设路径，促进社区治理社会化要素的有效组合。此后，课题组与开福区民政委交换意见，得到了开福区民政委的认可与肯定，并对细节问题进行了补充。2017年5月，课题组撰写了《开福区社区治理与服务创新经验报告》，并且多次修改完善。2017年6—12月，课题组在前期调查研究的基础上撰写了此书，并且根据专家组和开福区民政局的意见进行了多次修改和校对，最终定稿。

　　本书是一项集体成果。中心十余位师生参与了实地调查、信息采集和数据处理工作，他们分别是陈伟东、胡宗山、张必春、许宝君、鲁帅、何鹏、靳爽爽、唐流鸿、罗家为、刘济杭。陈伟东教授负责确定写作主题，拟定写作大纲，并负责第一章、第二章的修改；张必春副教授负责统筹写作进度，并负责第三章、第四章、第五章的修改；胡宗山、许宝君负责基础信息和基本数据的处理，完成第一章总论的撰写，并负责统稿工作；靳爽爽、唐流鸿负责第二章的撰写；鲁帅、何鹏负责第三章的撰写；袁方成、刘济杭负责第四章的撰写；罗家为负责第五章的撰写。黄诗凡、张帅、姚玉叶、伍相融、杨晨、郑群霞、李勇、刘秀成、彭斐、凌晟负责全书校对。

此书不仅仅是开福区社区治理的经验集成，同时也希望能为全国其他地方提供一些可借鉴的经验。由于笔者的水平和能力有限，本书虽几经修改，仍不免存在许多疏漏、不妥之处，敬请读者批评指正！

开福区社区治理创新课题组
2018年9月于武汉桂子山